유럽의 언어 공통 참조기준 이란 무엇인가

에블린 로젠
클라우스 라인하르트

한상헌
윤미경 역

프랑스어 교육공동연구회

도서출판 만남

DIDACTIQUE
DES LANGUES
ÉTRANGÈRES

Le point sur

le Cadre européen commun de référence pour les langues

ÉVELYNE ROSEN
CLAUS REINHARDT

CLE
INTERNATIONAL

저자 **에블린 로젠** Evelyne Rosen은 현재 샤를르드골 릴 3대학 Université Charles-de-Gaulle Lille 3의 외국어로서의 프랑스어 교육학과 전임 교수이며, 그 대학의 외국어로서 프랑스어 교육원 원장을 수년간 수행한 바 있다. 그리고 중국, 미국, 프랑스의 여러 다른 상황 속에서 외국어로서의 프랑스어와 모국어로서의 프랑스어를 가르치기도 하였다. 또한 에블린 로젠은 외국인 학생들을 위한 외국어로서의 프랑스어 교육, 특히 이들 학생들이 대학 학업과정에 적응하기 위한 교육은 물론이고 「유럽의 언어 공통 참조기준」에 바탕을 둔 교수자 교육으로서 양성교육(외국어로서 프랑스어 1단계와 2단계 교육과정)과 (독일, 오스트리아, 벨기에, 스페인, 룩셈부르크, 포르투갈과 같은 유럽권과 한국과 튀니지와 같은 비유럽권에서 외국인 교수자들을 위한) 연수 교육에 전념하고 있다.

저자는 유럽평의회가 설정한 프랑스어 B2의 교육계획 안내지침서를 편찬한 사람들 가운데 한 명이며, 언어교육학 이론과 읽기, 쓰기를 연구하는 떼오딜 THEODILE 이라는 연구진의 일원이다.

그리고 이 책의 공동 저자인 **클라우스 라인하르트** Claus Reinhardt는 프로젝트 교육학과 과학 교육학의 전문가이며, 교사양성소 IUFM와 꼴론뉴 대학 Université de Cologne의 교수이다. 그는 교실에 「유럽의 언어 공통 참조기준」을 정착시키기 위한 교육자 양성 담당자들을 가르치는 임무를 수행하였고, 「유럽의 언어 공통 참조기준」에 대한 여러 논문을 썼으며, 특히 전자 포트폴리오의 개발과 수행으로 이어지는 의학도를 위한 학업과정의 개별화 접근방법을 목표로 하는 계획을 정착시켰다.

이 책을 다언어사용에 능통한 리자 Lisa와 떼아 Théa에게 드린다.

우리가 이 책으로 「유럽의 언어 공통 참조기준 - 학습, 교수, 평가」 *Cadre européen commun de référence pour les langues : apprendre, enseigner, évaluer*를 요약하여 출판하는 것을 친절히 허락한 유럽평의회 Conseil de l'Europe에 감사드린다.

이 책은 1990년 12월 5일 공시된 새로운 철자법의 규칙을 준수하였다.

편집장 : 미셸 그랑망젱 벵센 Michèle Grandmangin-Vainseine
편집 : 베르나르 델코르 Bernard Delcord
조판 : 알리네아 Alinéa
ㅇ 끌레 엥떼르나시오날 CLE International, 파리, 2010-978-2-09-038262-4
등록일 : 2010년 3월

역자 서문

「유럽의 언어공통참조기준」 *Cadre européen commun de référence pour les langues*은 유럽연합에 속한 국가들이 하나로 통일된 외국어 교육의 목적과 방법 그리고 평가를 일관되고 명확하게 정의하고 수행할 목적에서 유럽평의회가 제작한 책이다. 이 「공통기준」은 2001년을 기점으로 영어, 프랑스어, 독일어, 포르투갈어로 출판된 이후, 유럽연합에 속한 국가들이 이에 연이어 자국어로 속속 출판하고 있다. 오늘날 이 기준은 유럽연합에 속한 국가들을 넘어서서, 전 세계 많은 나라에서 표준화된 외국어의 평가기준으로 활용되고 있다. 우리 경우에서도 이미 독일어 판인 *Gemeinsamer europäischer Referenzrahmen für Sprachen: lernen, lehren, beurteilen*을 2007년 『언어학습, 교수, 평가를 위한 유럽공통참조기준』 이라는 제목으로 번역되어 출판된 바 있고, 이 기준의 중요성과 필요성이 날로 인정되어 일반화되는 가운데, 영어 교육이나 국어 교육에서도 이 기준을 참조할 필요성이 제기되고 있다.

오늘날 학교 교육에서는 물론이고 제도권 밖의 교육에서 외국어 교육의 목표, 방법, 내용을 결정하고 이에 대한 평가 등급의 수준을 결정하고자 할 때, 「공통기준」을 참조하지 않을 수 없을 것이라 여겨진다. 이 기준은 국가의 외국어 교육정책을 수립하는데 있어서, 국제적인 수준에서 경향과 방향의 보조를 맞추어 갈 수 있게 하는 중요한 활용의 수단이 되고 있다.

「공통기준」은 이뿐만 아니라 이전에 주류를 이루고 있었던 의사소통 접근방법을 넘어서서 이와 구별되는 행동 접근방법의 관점에서 언어교육의 구체적인 실현방법들을 제시하고 있다. 특히 이 행동 관점은 학습자를 사용자로 봄으로써, 교육현장을 모의 현장이 아니라 실제로 언어가 사용되는 현장으로 바꾸어 놓고 있다. 무엇보다도 「공통기준」은 학습자의 언어 능력의 수준을 6단계로 나누어 분명하고 체계적인 수준으로 제시하고 있는데, 이 기준은 오늘날 국제적으로 널리 인정받고 있다. 또한 특히 「공통기준」은 유럽 연합의 외국어 정책의 기조가 되는 다언어사용을 실현하기 위한 방법들과 기준들을 제시하고 있는데, 이러한 조류에 편승하여 이제 우리의 상황에서 이를 어떻게 적용할 것인지 하는 문제는 중요한 과제로 대두되고 있다.

이러한 변화된 외국어 교육의 관점을 활용하기 위해서는 「공통기준」이란 무엇인지를 먼저 파악할 필요가 있다. 우리가 이를 파악하기 위해서는 직접 원서를 읽든가 아니면 번역서를 사용하는 방법이 있을 수 있다. 그러나 어느 경우이든 「유럽의 언어공통참조기준」을 충분히 이해하기에는 어려움이 있는데, 그 이유는 원서를 읽을 수 있는 능력을 지닌 독자라 하더라도 어느 정도의 외국어 교육학의 전문 지식이나 소양을 지니고 있을 때라야 가능하기 때문이다. 따라서 이를 쉽게 이해할 수 있도록 개념과 요점을 쉽고 명확하게 이해할 수 있도록 도와주는 안내서의 도움이 필요하다. 이러한 이유와 목적에서 프랑스의 외국어 교육학 학자인 에블린 로젠 *Evelyne Rosen*과 클라우스 라인하르트 *Claus Reinhardt*가 2010년 프랑스어권의 독자를 위하여 발간한 책이 *Le Point sur Le Cadre européen commun de référence pour les langues* 이다. 본서는 이를 번역한 것이다.

이 안내서는 「공통기준」이 등장하게 된 배경과 이유와 그 바탕이 되는 행동 접근방법의 원리, 그리고 그 척도와 설정기준들을 쉽게 설명해 주고 있고, 또한 이를 수업에 활용할 있는 도구로서 자기평가를 위한 포트폴리오, 외국어 교육과정 안내 지침, 평가의 문제들을 다루고 있다. 아울러 「공통기준」이 다루고 있는 내용을 넘어서서, 행동 관점을 교육의 현장에 어떻게 적용할 것인지에 대한 방안까지도 제시해 주고 있다. 특히 「공통기준」이 기본적인 방향으로 설정하고 있는 다언어사용의 필요성과 이에 대한 교육의 실천적 방향을 명시적으로 보여주고 있다. 요컨대, 본서는 「공통기준」이 오늘날 외국어 교육의 국제적인 조류가 되고 있는 행동 관점을 어떻게 실현하고 있는가에 대하여 외국어 교육의 목표, 내용, 방법, 평가를 알기 쉽게 설명한 책으로 특히 일관된 국제적인 평가 기준에 맞추어 평가의 등급을 적용하고자 할 때에 제2외국어 교육의 담당자들은 물론이고, 영어와 국어 교육을 책임 맡고 있는 모든 담당자들(언어교육 계획정책의 입안자, 교사양성 및 연수 담당자, 현장 교수자, 교재 편찬자)이 반드시 정독해야 할 필독서라 할 수 있다.

「공통기준」이 우리에게 강력하게 보내주고 있는 메시지는 무엇보다도 다언어사용의 언어 정책이라 여겨진다. 유럽연합의 국가들은 다언어사용의 교육정책이 국가의 생존과 존망을 좌우한다고 보기 때문에 이 정책을 국가의 미래와 발전을 위한 책략으로 보고, 이를 공통적으로 채택하고 있다. 그런데 우리나라는 이런 세계화의 교육방향과는 전혀 다른 길로 가고 있다. 우리나라의 교육부는 영어 하나만이라도 제대로 배우면 족하지, 우리 학생들에게 영어 말고 다른 언어를 더 배우게 하는 것은 무리한 요구이고 학생만 고생시키는 일이라고 여기는 듯하다. 지구상에 이런 언어 교육정책을 채택하고 있는 나라는 많지 않다. 이러한 외국어 교육정책에서 편찬된 오늘날 교육부의 교육과정은 제2외국어 교육을 폐허로 만들더니 이제는 숨통마저도 끊어 놓고 있다. 오늘날 우리 아이들이 다양한 외국어를 자유롭게 배울 수 있는 기회가 아예 제도적으로 박탈되어 있다. 우리의 외국어교육 정책은 이렇게 우리의 아이들을 외국어 귀머거리 벙어리 무능력자로 만들어 내고 있다. 교육부는 다른 나라들에서 수행하고 있는 외국어교육정책을 억지로 애써서 보지 않으려 하지 말고, 외국의 외국어교육 정책을 타산지석으로 삼아야 한다. 교육부는 이제라도 국제 교육과정 비교연구 결과들을 활용하여 이중언어 교육정책을 접고, 다언어사용 교육정책을 채택해야 한다. 우리 아이들이 자유롭게 다양한 외국어를 배울 수 있고, 다른 나라의 학생들처럼 다양한 외국어의 능력을 갖추게 될 때, 우리나라는 미래와 희망을 볼 수 있게 될 것이다.

학자들은 이런 책이라면 번역하기를 주저한다. 그 이유는 '번역이란 반역'이라는 말처럼 번역은 불충분하고 부절적한 등가성을 증거로 남겨 놓는 작업이기 때문이기도 하지만, 이런 외국어 교육학의 전문서의 번역은 때로 많은 논란의 대상이 되기 때문이다. 특히 본서의 경우에 있어서는 전문용어가 우리말로 일반적으로 통용되고 있는 용어가 많지 않고, 어떻게 용어를 번역해야 할 것인지 하는 문제는 아직은 미해결의 과제로 남아있기 때문이다. 더군다나 이런 전문서의 역서는 독자가 제한되어 있어 잘 팔리지 않기 때문에, 번역에 따른 수고의 댓가는 물론이고, 출판비조차 건지기 힘든 것이 현실이다 보니 누구도 이런 책을 출판하려 하지 않는다. 그러나 역자들이 소속되어 있는 프랑스어 교육공동연구회는 이러한 난관과 어려움에도 불구하고 이 책을 출판하기로 결단하였다. 번역에서 있을 수 있는 오류에 관한 문제에 있어서는 많은 회원들이 수차에 걸친 윤독을 통하여 보다 적절하고 합당하고, 쉽게 이해할 수 있는 우리말을 찾아내어 이를 최소화하고자 하였고, 전문용어의 번역에 대해서는 관련 서적들과 논문들을 참고하는 가운데 많은 분들과의 토론을 통해 적절한 용어를 찾고자 하였다. 여기에서 사용된 전문용어는 물론이고 「공통기준」에서 사용된 전문용어에 대한 우리말 번역을 대조 목록으로 만들어 부록에 실어 이를 참조할 수 있게 하였다. 이에 대한 독자 제현의 질책과 비판을 기다리고 있다. 그리고 출판 비용은 이 땅에 외국어 교육을 정상화시키려는 의지와 헌신 그리고 소명의식에서 그 댓가를 찾고자 하였다. 한마디로 우리가 이 책을 번역할 수 밖에 없었던 것은 이 책의 번역이 가져다 줄 수 있는 유익이 번역을 가로막는 문제점들이나 어려움에 비해 비할 수 없을 만큼 크고 중요하다고 보았기 때문이다.

이 책의 저자이신 Evelne Rosen 교수께서는 우리 독자를 위하여 생면부지의 역자에게 서문을 흔쾌히 보내주셨고, 이 책이 빛을 볼 수 있을 때까지 출판에 관련된 일까지도 세심하게 도와주셨다. 이 자리를 빌어 각별한 감사의 말씀을 드리고자 한다.

또한 이 책은 프랑스어 교육공동연구회의 헌신적인 희생과 노고의 결과물이다. 특히 한만순 선생님, Jean Skandrani 선생님, 채기병 선생님, 김새환 선생님, 김형준 선생님, 이현숙 선생님께서 많은 도움을 주셨다.

특히 출판이 불가능한 이 어려운 시대에 이 책의 출판을 맡아 주신 도서출판 만남의 차상면 사장님께도 감사의 말씀을 빠뜨릴 수 없다.

2018년 2월

프랑스어교육 공동연구소에서 역자 일동

PRÉFACE

Plus de quinze ans après la publication du *Cadre européen Commun de Référence pour les langues* (désormais CECR), la réflexion sur la façon d'envisager l'enseignement et l'apprentissage des langues tant d'un point de vue théorique que pratique a beaucoup évolué en Europe. *Le point sur le Cadre européen commun de référence pour les langues* constitue une entrée en matière[1] pour découvrir le CECR, ses développements et ses applications en classe, pour l'analyser, en comprendre la philosophie mais aussi pour réfléchir aux moyens de s'en servir dans les pratiques quotidiennes de la classe de langues.

En quoi un tel ouvrage de vulgarisation intelligente, s'intéressant à un cadre européen, peut-il être utile aux professeurs coréens de langues-cultures en général (et de français en particulier)?

C'est à cette question que vient répondre le formidable travail de traduction accompli par Monsieur HAN Sanghun. D'une part, les principes posés dans le CECR ont dépassé les frontières européennes comme en attestent notamment les traductions du document dans quarante langues, dont le coréen[2], ainsi que le n° 50 du *Français dans le monde Recherches et applications* consacré aux contextualisations du CECR en Asie du Sud-Est[3], nécessitant en premier lieu une fine connaissance des concepts initiaux et de leur cohérence interne. D'autre part, beaucoup de méthodes de langue récentes, diffusées dans le monde entier, mobilisent et adaptent les concepts qui sont développés dans le CECR. Il en va ainsi, par

---

1) Une entrée en matière nécessaire comme en atteste la synthèse réalisée par Luc Collès en 2009 pour cerner les implications du CECR, dans un numéro des *Cahiers pédagogiques* au thème fédérateur : «Enseigner les langues vivantes avec le Cadre Européen».

2) https://rm.coe.int/16806d8893

3) Véronique Castelotti et Jean Noriyuki Nishiyama, dir, (2011), «Contextualisations du CECR. Le cas de l'Asie du Sud-Est», *Le Français dans le monde Recherches et applications*, n° 50, CLE International, FIPF.

exemple, du concept de «scénario actionnel» qui sous-tend la conception de la méthode *Tendances*[4], ce qu explicite l'un des co-auteurs de la méthode, Jacky Girardet (2017, p. 40)[5] : «Puisque l'action est le but de l'apprentissage, pourquoi ne pas construire celui-ci sur des actions à réaliser? C'est ce que suggère le CECR en orientant les objectifs de l'apprentissage dans une perspective actionnelle où l'étudiant est considéré comme un "acteur social qui a des tâches à accomplir"». Sans mode d'emploi complémentaire, de tels principes peuvent apparaître un peu complexes et rendre l'utilisation de la méthode difficile. *Le point sur le Cadre européen commun de référence pour les langues* se propose justement d'être un guide de navigation, destiné aux enseignants, aux formateurs et aux étudiants, pour saisir les principes du CECR, ainsi qu'une balise méthodologique pour cerner le profil d'un «enseignant actionnel» sachant mettre en place des tâches et des projets utiles à ses apprenants dans le quotidien de la classe, en fonction de son contexte particulier d'enseignement et d'apprentissage des langues et des cultures.

Monsieur HAN a mobilisé toute l'énergie nécessaire pour que ces explications pratiques et concrètes, ce lien entre théories et pratiques de classe, soient proposés dans une traduction claire de la langue employée - ce qui n'est pas une mince affaire comme l'ont constaté les traducteurs du CECR en coréen car certains termes et expressions n'ont pas d'équivalent en coréen (Dong-Yeol Park, 2011, p. 122) ; comme le souligne néanmoins cet auteur, «malgré de nombreuses difficultés, les enseignants coréens s'intéressent au CECR»[6].

---

4) Jacky Girardet, Jacques Pécheur, Colette Gibbe, Marie-Louise Parizet (2016), *Tendances,* CLE international.

5) Jacky Girardet (2017), «Le scénario actionnel : l'apprentissage comme dans la vie», *Le Français dans le monde,* n° 410, CLE International, FIPF, p.40-41.

6) Dong-Yeol Park (2011), «La perspective actionnelle en contexte coréen : difficultés, enjeux et explications pour une adaptation», dans Véronique Castelotti et Jean Noriyuki Nishiyama (dir.), «Contextualisations du CECR. Le cas de l'Asie du Sud-Est», *Le Français dans le monde Recherches et*

Avec mon collègue Han Sanghun, je fais l'hypothèse que cet ouvrage ainsi rendu accessible en coréen permettra de surmonter nombre de ces difficultés et servira de tremplin à tous les enseignants s'intéressant au CECR, souhaitant en mobiliser les principes dans leur contexte d'enseignement et d'apprentissage et désireux de répondre à l'ambitieux projet défini par Véronique Castelotti et Jean Noriyuki Nishiyama (2011, p. 14) : «Contextualiser : pour quoi faire, quoi et comment?».

Puisse également cet ouvrage rappeler des souvenirs - actionnels - à mes ancien(ne)s étudiant(e)s coréen(ne)s et aux collègues que j'avais eu l'occasion de rencontrer lorsque j'étais venue pour présenter cet ouvrage à l'Alliance française de Séoul[7) et à l'Université de Séoul[8).

Une brève conclusion pour clore cette préface : tout d'abord en adressant mes plus sincères remerciements et mes félicitations à Monsieur HAN pour le remarquable et minutieux travail accompli ; ensuite pour souhaiter à tous les lecteurs une lecture fructueuse et critique. Ne restera ensuite plus qu'un pas à accomplir pour actionner votre approche en classe!

2017. 7.
Evelyne Rosen

---

applications, n° 50, CLE International, FIPF, p. 120-130. A noter à ce propos que le *Dictionnaire pratique du CECR* (Jean-Pierre Robert et Evelyne Rosen, 2010) propose un glossaire d'équivalences français-coréen constitué par Madame Minjoo Han, professeur de l'Université EWHA, avec le concours de Frédérique Penilla.

7) A l'invitation de Frédérique Penilla, alors Attachée de coopération pour le français à l'Ambassade de France en Corée, dans le cadre de la formation continue des enseignants du secondaire, en partenariat avec l'Association coréenne des professeurs de français.

8) Dans le cadre d'un séminaire organisé par la Société coréenne d'enseignement de la langue et de la littérature françaises et par le KICE (Korean Institute of Curriculum and Evaluation).

서 문

유럽의 『언어공통참조기준』 (이후 「공통기준」)이 공포된 지 15년이 지난 즈음 유럽에서는 언어의 교수와 학습을 고찰하는 방법에 대한 생각이 이론적인 관점에서나 실제의 관점에서 대단히 변화하였다. 『유럽의 언어공통 참조기준이란 무엇인가』로 번역된 본서는 「공통기준」과 그 발전 그리고 교실에서의 실제를 이해하여 이를 분석하고 그 기본원리를 이해하기 위한 것뿐만 아니라 일상적인 언어교실에서 실제로 어떻게 사용할 것인지를 모색하기 위한 안내서[9]이다.

지적인 대중화를 위한 이런 책이 유럽의 범주에서는 관심을 끌 수 있게 하겠지만, 일반 언어·문화 교육을 담당하는 한국의 교수자들 (특히 프랑스어 교수자들)에게 과연 이런 책이 어떤 면에서 유용할 수 있을까?

한상헌 교수가 수행한 이 어려운 번역작업을 통하여 답하고 있는 것이 바로 이 질문이다. 이 책의 유용성은 우선, 「공통기준」이 제기하고 있는 원리들은 유럽의 국경을 넘어섰다는 점에 있다. 특히 「공통기준」이 한국어[10]를 포함한 40개의 언어로 번역되어 있는 점이 이를 입증한다. 그리고 동남아시아에서 「공통기준」의 상황에 맞는 활용이라는 주제를 다룬 프랑스의 외국어교육 전문학술지(『연구와 적용 *FDLM Recherches et applications*』) 50호도 이를 입증하고 있는바와 같이[11], 「공통기준」을 상황에 따라 올바로 적용하기 위해서는 무엇보다도 먼저 그것이 제시하고 있는 기초 개념과 그 개념에 대한 내적 체계에 대한 정교한 지식이 필요하기 때문이다. 이 책의 또 다른 유용성은 전 세계에 보급되어 있는 많은 외국어 교재들이 「공통기준」에서 제시되고 있는 개념들을 가져다가 이를 활용하고 있다는 점에서도 입증되고

---

9) 뤽 꼴레스 Luc Collès는 2009년 '「공통기준」의 활용을 통한 외국어 교수'라는 연합 주제를 다룬 언어교육의 전문지인 『까이에 뻬다고지끄 *Cahiers pédagogique*』의 한 호에서 「공통기준」이란 무엇인지를 밝히기 위한 종합보고서를 발표한 바 있는데, 그가 인증하는 바와 같이, 본서는 긴요한 안내서이다.

10) https://rm.coe.int/16806d8893

11) 베로니크 까스트로티 Véronique Castelotti와 장 노리유키 니시야마 Jean Noriyuki Nishiyama, (2011), "동남아시아에서 「공통기준」의 맥락화", 『LFDM의 연구와 적용』, 50호, 끌레 엥떼르나시오날, 프랑스어교사 국제연맹,

있다. 예를 들면, '행동 계획'이라는 개념이 그것인데, 이 개념은 『땅당스 *Tendances*』 라는 교재[12])를 구성하는 바탕이 되고 있다. 이 교재의 공동 저자 가운데 한 사람인 작키 지라데 Jacky Giradet(2017:40)[13])는 "행동이 학습의 목적이니까, 학습의 목적을 실현해야 할 행동에 맞추어 구축해야 한다. 행동 관점에서는 학생을 수행해야 할 과제가 있는 사회적인 행위자로 간주하고 있는데, 「공통기준」이 이러한 행동 관점에서 학습 목표를 설정하면서 권면하는 것이 바로 그것이다." 라고 지적한다. 이러한 원리들을 보충해주는 사용방법이 없다면, 좀 복잡해 보일 수 있을 것이고, 교재를 사용하기 어려울 수 있다. 본서의 목표는 정확히 말해서 교수자와 교사 양성자 그리고 학생들을 대상으로 하여, 「공통기준」의 기본 원리를 파악하기 위한 탐색의 안내서가 되려는데 있으며, 언어문화의 교수 학습이 처한 특수한 상황에 따라 교실의 일상에서 학습자에게 유용한 과제들과 프로젝트들을 설정할 줄 아는 '행동적인 교수자'란 누구인지를 분명히 밝혀주는 교육방법론의 지표가 되려는데 있다.

한 교수는 이론과 교실의 실제 사이의 관계에 대한 실제적이고 구체적인 설명들을 한국어로 명확히 번역하여 제시하려데 온 힘을 기울였다. 이러한 작업은 「공통기준」을 한국어로 번역한 사람들이 입증했던 바와 같이, 결코 간단한 일이 아니다. 왜냐하면 박동열(2011:122)에 따르면, 어떤 용어나 표현들은 한국어에 등가성을 지닌 말이 없기 때문이다. 그러나 "한국의 교수자들은 수많은 어려움에도 불구하고, 「공통기준」에 관심을 기울이고 있다.[14])"고 강조

---

12) 작키 지라데 Jacky Girardet, 작크 뻬쉐르 Jacques Pécheur, 꼴레트 지브 Colette Gibbe, 마리 루이즈 빠리제 Marie-Louise Parizet (2016), 『땅당스 *Tendances*,』, 끌레 엥떼르나시오날,

13) 작키 지라데 Jacky Girardet (2017), "행동의 운영계획 : 생활과 같은 학습", 『LFDM,』, 410호, 끌레 엥떼르나시오날, 프랑스어교사 국제연맹, p.40-41.

14) 박동열(2011:120-130)의 "한국의 상황에 행동관점을 적용하는데 따른 어려움과 문제 그리고 해법", 이 논문은 베로니크 까스트로티 Véronique Castelotti와 장 노리유키 니시야마 Jean Noriyuki Nishiyama의 기획으로 "동남아시아에서 「공통기준」의 맥락화" 라는 주제 하에 끌레 엥떼르나시오날과 프랑스어교사 국제연맹이 출간한 『LFDM의 연구와 적용』, 50호에 수록되어 있다. 그리고 여기서 주목해야 할 것은 2010년 장피에르 로베르 Jean-Pierre Robert와 에블린 로젠 Evelyne Rosen이 제작한 『공통기준의 실용 사전』이 있는데, 여기에 프레데릭 뻬니야 Frédérique Penilla와 협력하여 이화대학교의 한민주 교수가 작성한 전문용어에 대한 프랑스어와 한국어 대조 목록이 제시되어 있다는 점이다.

하고 있다.

나의 동료 한상헌 교수와 더불어, 본인은 한국어로 접근할 수 있게 한 이 역서를 통하여 이 같은 수많은 어려움이 극복될 수 있을 것이라 생각한다. 그리고 교수자들이 교수와 학습의 상황에서 이 원리들을 활용하기를 바라면서, 베로니끄 카스트로티 Véronique Castelotti와 장 노르유키 니시야마 Jean Noriyuki Nichiyama(2011:24)가 "맥락화하는데 있어, 무엇을 위하여, 어떤 것을, 어떻게 상황에 맞게 적용할 것인가?" 라고 정의한 중요한 논제에 대한 해법을 찾고자 하는, 「공통기준」에 관심을 지닌 모든 교수자들에게 이 역서가 도약의 디딤돌로 사용될 수 있을 것이라는 생각을 같이 한다.

또한 이 역서를 통하여, 한국에 있는 본인의 제자들과 본서를 소개할 목적으로 방한했을 당시 서울의 알리앙스 프랑세즈(국제적인 프랑스어 전문학원)[15]와 서울대학교[16]에서 만날 수 있었던 동료 선생님들에게, '행동적인' 추억들이 상기될 수 있기를 기다한다.

마지막으로 이 서문을 결론으로 마무리하면서, 무엇보다 먼저 괄목할만한 세심한 작업을 마친 한 교수에게 진정 감사와 찬사를 드리고자 한다. 그리고 모든 독자들에게 결실을 맺을 수 있는 중요한 독서가 되기를 바란다. 이제 독자 제현들에게는 교실에서 각자의 접근방법을 행동으로 옮기기 위한 일보를 내딛는 일만이 남아 있을 것이다.

2017. 7.
에블린 로젠

15) 당시 주한프랑스 대사관의 프랑스어 협력 담당관이었던 프레데릭 삐니야의 초청으로 한국프랑스어 교사협회와 공동으로 이루어진 중등학교 교사 연수

16) 한국프랑스어문교육학회와 한국교육과정평가원이 공동으로 주관한 세미나

목 차

머리말

두 번째 개정판을 출판하게 된 이유

「공통기준」이 출판된 지 10년이 지나면서, 외국어 교수·학습에 대한 고찰 방식은 이론적인 관점이나 실제적인 관점에서 많이 변했다. 이 책의 초판본은 「공통기준」과 교실에서의 그 적용을 이해하고 분석하며 기본원리를 파악하는 등, 외국어 교실의 일상적인 실제에서 이를 사용하기 위한 수단들을 고찰하는데 필요한 논제[1])로 구성되어 있었다. 그러나 새롭게 개정된 본서에서는 그 논제를 구체화 하고, 나아가 '「공통기준」을 넘어서서' 특히 「공통기준」의 잠재된 적용(다시 말해서 상황에 따른 적용 또는 맥락화)과 그리고 「공통기준」이 권면하는 행동 관점에 따라 구축되고 고찰되는 외국어 교실의 현실과 관련하여 보다 깊숙이 다룰 수 있게 되었다. 게다가 본서는 초판이 발행되었던 2006년 이후로 보여주었던 교실의 자료들로부터 많은 예증들[2])을 뽑아 제시하였다.

이와 같이 본서는 분별력 있는 보급을 위하여, 학생, 교수자, 교사 양성자들에게 「공통기준」을 안내하는 역할을 하고자 하며, 교실의 일상적인 실제에서 학습자들에게 유용한 과제와 프로젝트를 설정할 줄 아는 '행동 관점의 교수자'란 신분을 분명히 하기 위한 교육방법론적인 방향타가 되고자 한다.

---

* 본서의 원서 제목은 *Point sur le Cadre européen commun de référence pour les langues*인데, 우리는 이를 「유럽의 언어 공통 참조 기준이란 무엇인가」로 번역하였다. 이 책의 초판본은 2007년 로젠 E. Rosen이 혼자 썼다. 그러나 이 두 번째 출판본은 초판본의 일부를 보완 또는 수정하여 2010년에 라인하르트 C. Reinhardt와 공동으로 출판되었다.

1) 이는 시사성이 있는 필요한 논제가 되는데, 이는 2009년 벨기에의 외국어 교육의 전문가인 뤽 꼴레스 Luc Collès가 「공통기준」의 함축관계를 규명하기 위하여 "유럽의 환경에서 외국어 교육"이라는 연합적인 주제를 다룬 일반교육학 전문지인 까이에 뻬다고지끄 Cahiers pédagogiques의 한 호에서 수행한 종합 연구에서 입증되었다.

2) 그 예시들은 끌레 엥떼르나시오날 CLE international 이라는 출판사에서 간행된 저서들에게 뽑았는데, 그 이유는 이 출판사와 관련된 저자들이 가까이 있고 또 자료에 쉽게 접근할 수 있기 때문이다.

서론 1)

외국어 교육원이나 외국어 학원 또는 대학의 외국어 교육과가 「공통기준」 2)을 활용해야 할 이유란 무엇인가? 교수자들의 생활 속에서 분명 공감할 수 있을 다음의 일화는 이 질문에 대한 해답의 요점을 단번에 가져다 줄 것이다3). 언어교육원에서 교육을 책임 맡고 있는 사람들의 생활 가운데, 개학은 참으로 특수한 시기이다. 동료 교수진과 행정담당 진을 다시 만날 수 있고, 지난 학기 학생들의 변화된 모습을 볼 수 있으며, 또 새로운 얼굴들을 만날 수 있는 기쁨이 있지만, 이것 말고 학생들의 수준에 맞는 적절한 반 편성을 해야 한다는 마음고생이 있기 때문이다. 물론 학생들이 등록부에 적어 놓은 정보들을 신뢰할 수 있을 것이다. 그러나 프랑스의 어떤 외국어 교육원에서 600시간의 프랑스어 수업을 수강했다고 하는 중국인 학생이 있고, 독일의 어떤 교재의 1권을 마쳤다고 하는 독일 학생이 있는가 하면, 또 2년간 자기 나라에서 프랑스어 강독과 문법 수업을 받았다고 하는 체코의 학생

---

1) 본서는 1990년 맞춤법 통일안을 준수하였다. 그러나 인용문들은 이 통일안을 따르지 않았다.

2) 『유럽의 언어 공통 참조기준』 *Cadre européen commun de référence pour les langues*을 어떻게 줄여서 쓸 수 있을 것인가? 이 책 내에서 조차 '참조기준', '기준', '유럽의 참조기준', '공통기준', '유럽의 공통기준' 등 여러 용어들이 제시되고 있다. 이 책의 영어나 독일어 판을 보아도 마찬가지로 이런 다양함을 볼 수 있는데, 영어의 경우는 CEF(Common European Frame Work)라는 약어를 쓰고 있다. 프랑스어에서는 CECR, CECRL과 같은 여러 약어가 쓰이고 있다. 본서는 가독성을 고려하여 CECR를 선택하였고 앞으로 계속 이 약어를 사용하게 될 것이다.
역주 : 우리는 본 역서에서 「공통기준」이라 줄여서 사용하려고 한다.

3) 이 일화를 통하여 본서가 어떤 관점을 채택하고 있는지 분명히 알 수 있을 것이다. 프랑스에 프랑스어를 공부하러 온 (젊은) 외국 성인 교육에 대한 관점이다 (이는 또한 이러한 청중을 지적하기 위하여 학생이라는 용어 대신 학습자라는 용어를 사용하는 이유이기도 하다). 그러나 본서는 「공통기준」에 부여하는 조명을 통하여, 외국어 교수·학습의 모든 당사자들의 관심도 불러일으킬 수 있을 것이다.

* 역주 : 델프 DELF는 Diplôme d'étude en Langue Française의 약자로 프랑스어 기본 학습 단계의 인증을 의미하고, 달프 DALF는 Diplôme approfondie de Langue Française의 약자로서 프랑스어 고급 단계 능력의 인증을 의미한다.

이 있을 수 있는데, 이 경우에 이들 학생들이 도달한 능력 수준을 어떻게 평가할 수 있을 것인가? 만일 단지 이런 정보만 활용하여 반 편성을 한다면, 수업의 처음 몇 주 동안은 수많은 학생들이 반 편성을 다시 해 달라는 요구에 직면하게 될 모험을 감수해야 할 것이다. 그러므로 이들이 프랑스에 오기 전에 델프 DELF나 달프 DALF*의 단계별 시험에 합격해야 한다고 요구하는 것은 어떤가? 만일 그렇게 한다면 매우 편리하기는 하겠지만, 이는 경제적인 추가 비용으로 인해 많은 학생들을 낙담시킬 수 있고, 더구나 이런 단계별 시험을 치를 수 없을 수많은 초보 학생들을 낙담시킬 것이다 (그렇다고 만약 그런 많은 초보 학생들에게 시험을 면제시켜줄 경우, 어떤 얕은 꾀를 쓰는 학생들이 있다면 이들은 자신이 그런 초보 학습자라 주장하면서, 시험을 피하려 들 것이다). 효율적인 유일한 방법은 시간이 많이 들고 힘이 많이 든다하더라도, 학생의 능력을 정확한 모습으로 보여줄 배치 테스트를 치루는 방법일 것이다.

이러한 작업은, 『공통기준』에서 정의되어진, 표준화된 수준들을 보급하고 이를 인정할 때, 대단히 간단해 질 수 있다(그 뿐만 아니다). 이 참조도구가 필요한 이유가 무엇인가? 이 참조도구의 원리는 무엇인가? 그것은 외국어를 배우는 학생과 이를 가르치는 교수자의 활동을 어떻게 변화시킬 것이고 도와줄 것인가? 이것이 본서가 자세한 해법들을 제시해 보려하는 질문들이다. 이를 위하여 제1부에서 『공통기준』이 어떤 핵심적인 과정을 통하여 그리고 어떤 이유에서 만들어졌는지를 살펴볼 것이고, 그 다음으로 우리의 핵심적인 관심 주제인 『공통기준』의 기본 원리가 무엇이며 또 그것이 외국어 교수·학습에서 어떻게 자연스러운 변화를 통하여 이루어졌는지를 살펴볼 것이다. 제2부에서는 『공통기준』이 동반하며 그 원리들을 다루는 교실의 작업도구들로서, 자기평가를 목적으로 하는 포트폴리오와 『공통기준』가 활용의 도구로 사용하는 외국어 교육과정 안내, 그리고 기존 시험과 『공통기준』의 관계에 대하여 살펴보려 한다. 제3부에서는 『공통기준』을 비판적인 관점에서 살펴보려 한다. 교수자들이 아주 자주 제기하는 의문들을 문답의 형식으로 검토할 것인데, 여기서 살펴볼 두 가지 큰 주제는 교실에서 행동 관점의 설정과, 상황에 따라 『공통기준』을 적용하는 방법이다.

제 1부

외국어 교수 · 학습의 자연스러운 변화로서 「공통기준」의 원리들

「공통기준」이란 무엇인가? 1부에 제시된 네 개의 장은 이 질문에 답을 하는데 필요한 장들이다. 이 네 개의 장의 개요를 요약하여 제시하면 다음과 같다. 제1장에서는 「공통기준」이 지난 10년간의 과학적인 연구의 산물이라는 점을 다룰 것이고, 제2장에서는 이 과학적인 연구들은 외국어 교수·학습의 행동 접근방법을 지지한다는 점을, 그리고 제3장에서는 이 행동 접근방법이 학습자의 능력을 6개의 수준으로 기술하는 설정기준과 척도를 중심으로 이루어진다는 점을, 마지막 제4장에서는 행동 접근방법이 다언어 사용의 수호와 관련해서 어느 정도 투쟁적인 태도를 수반한다는 점을 다루게 될 것이다.

제 1장

「공통기준」이 등장하게 된 주요 과정과 이유

「공통기준」은 외국어 교육학에 있는 일시적인 현상이 아니고 또 근간이 없는 독단적인 원리도 아니다. 그것은 신중하게 고찰된 도구로서, 이는 연구 작업에 기초를 두어, 오랜 기간의 제작 과정에서 얻어진 산물이다. 「공통기준」이 필요한 이유는 무엇인가? 무역 공부의 막바지에 있는 한 스코틀랜드의 학생의 예를 통하여 우리는 그 이유를 이해할 수 있을 것이다. 이 학생은 외국에서 여러 주를 보내면서 프랑스, 스페인, 독일에서 전공과목의 지식을 심도 있게 공부하고 난 뒤, 용기와 의욕을 가지고 자신의 외국어의 학식을 이용하기 위한 (프랑스어의 경우 DALF, 스페인어의 중급 수준인 DELE, 독일의 ZD[1])와 같은) 여러 인증 자격을 획득하였고, 이를 이력서에 기록하였다. 그러나 이 학생은 채용을 위하여 면접을 할 때, 이러한 인증자격이 있음에도 불구하고 외국어의 비전문가인 고용주 앞에서 자신이 어떤 외국어들을 얼마만큼 알고 사용할 수 있으며, 어떤 수준에 있는지를 밝혀야 하는 과정이 남는다. 이와 같이 유럽의 차원에서 이루어진 인증들이 투명성이 거의 없고 이해하기 어렵다는 점에 직면하게 되었고, 이에 대처할 필요가 있게 되었다. 이것이, '우럽의 외국어 학습에서 교육목표, 평가, 인증에 대한 투명성과 통일성'이라는 주제로 1991년 11월에 스위스 뤼쉬리콤 Rüschlikom에서 개최된 정부 간의 세미나에 참여한 전문가들이 수행하였던 대처 방안이었다. 여기에서 두 가지의 중요한 권고적인 제언이 토론의 결론으로 나왔는데, 하나는 유럽에서 외국어 교수•학습을 위한 공통 참조기준을 만들 필요가 있다는 것이었고, 다른 하나는 학생들이 '언어 여권'으로 사

---

1) DALF는 Diplôme Approfondi de Langue Française (프랑스어 심화 인증)에 대한 약어이고, DELE는 Diplomas de Español commo Lengua Extranjera(외국어로서 스페인어 인증)의 약어이고, ZD는 Zertifikat Deutsch(독일어 인증)의 약어이다.

용함과 동시에 그 과정을 기록하면서 일생 동안 외국어 학습을 독려하는 데에 사용해야 할 외국어 포트폴리오를 실현해야 한다는 것이었다. 이 교육계획이 오늘날 효력 없는 문서로 남아 있는 것은 아니다. 당시 유럽평의회는 사실상 유럽의 여러 나라의 교육제도를 분석하는 일을 담당하여, 모든 언어 수준에서 외국어의 학습과 교수를 어떻게 기술할 것인지, 그 공통 기준을 정착시킬 수 있었다.

1991년부터 2001년까지의 긴 구상 단계

「공통기준」과 포트폴리오를 제작하는데 도움이 되었던 것은, 유럽의 여러 다른 상황들을 잘 알고 있는 학자들이 수행한 일련의 예비 연구[2)]이외에도 스위스의 국가연구기금이 제공한 프로젝트였다.

이 프로젝트에는 다음 세 가지의 목표가 설정되어 있었다.

1) 학생이 어떤 특정한 수준에 도달했을 때, 이 학생의 능력을 분명하고도 명확하게 기술할 수 있는 수준별 척도들을 어떻게 설정할 것인가
2) 참조 수준들을 정의하는 작업을 어떻게 수행할 것인가
3) 능력에 대한 (자기)평가를 위한 기능적인 도구인 포트폴리오를 어떻게 설정하고 실행할 것인가

「공통기준」의 척도들과 설정기준들은 바로 이와 같은 막중한 과학적인 작업[3)]에서 탄생하였다.

---

2) 1998년 7월의 *Le français dans le monde*의 특별호를 참조할 것.

3) 슈나이더와 노르쓰 Schneider & North (2000)는 외국어를 할 수 있다는 것은 무슨 말인가? Fremdsprachen können - was heisst das ? 에서 이 연구의 출발의 이론적인 전제와 연구 방법론, Rasch 모형을 통한 정태적인 분석 그리고 스위스에서 독일어, 프랑스어, 영어를 배우는 2800명과 300명의 교수자를 대상으로 한 테스트들을 상세히 밝히고 있다. 바로 이러한 시도를 통해 「공통기준」의 척도들과 설정기준을 설정하기에 이르렀다. 이 프로젝트의 요약은 「공통기준」의 뒤에 나오는 부록 B(주 4와 도표 2를 참조할 것)에서 볼 수 있을 것이다.

이와 같이 1991년부터 연구계획의 중요한 방향들이 분명하게 설정되었다. 그러나 이 계획은 수년간을 기다려 긴 구상 과정의 끝에 분명한 형태로 등장하게 되었다. 1996년 「공통기준」의 첫 번째 제안서[4]가 제시되었다. 이 「공통기준」의 첫 번째 판은 곧 이어 대단위의 심사 대상이 되었다. 외국어 교육의 전문가들의 매우 호의적인 평가를 받은데 이어, 수합된 공식 또는 비공식적인 정보들을 중시하여, 2001년에 그 개정판을 영어(캠브리지 대학 출판사), 프랑스어(디디에 Didier 출판사), 독일어(란겐 사이드트 Langen Scheidt 출판사), 포르투갈어(아사 ASA 출판사)로 출판하게 되었다. 이러한 출판 이후 2002년에는 특히 체코어, 헝가리어, 이태리어, 스페인어로 잇달아 출판되었다.

이와 같이 「공통기준」은 근 10년 동안 수행된 과학적인 탐구의 결과물이며, 유럽의 매우 다양한 평가와 인증체제에 상실되어 있는 투명성과 통일성을 되찾겠다는 의지로 활발하게 이루어진 탐구의 결과물이다. 이 같은 대단위 연구 이면에는 효율적인 지지기반이 되는 기관이 자리 잡고 있는데, 그것이 곧 유럽평의회 Conseil de l'Europe 이다.

「공통기준」의 배경 : 유럽평의회의 목표와 활동

먼저 유럽평의회가 무엇인지부터 살펴보자. 아울러 흔히 혼동되고 있는 것으로, 유럽평의회는 비록 정치적인 임무를 갖고 태어난 것이긴 해도, 유럽연합의 독립된 결정기관이라는 점을 지적하는데서 시작하고자 한다. 유럽연합은 1949년 22개국과 함께 설립되어 오늘날에는 47개의 회원국[5]으로 이루

---

4) 유럽평의회 (1996), 『언어 교수·학습을 위한 유럽의 공통참조 기준』, *Cadre européen commun de référence pour l'apprentissage et l'enseignement des langues,* 공통기준의 첫 번째 제안서, 교육위원회, 스트라스부르.

5) 알바니아, 독일, 안도라, 아르메니아, 오스트리아, 아제르바이잔, 벨기에, 보스니-헤르체고비나, 불가리아, 사이프러스, 크로아티아, 덴마크, 스페인, 에스토니아, 러시아, 핀란드, 프랑스, 조지아, 그리스, 헝가리, 아일랜드, 아이슬란드, 이태리, 레토니, 리히텐슈타인, 리투아니아, 룩셈부르크, 유고슬라비아, 몰타, 몰디브, 모나코, 몬테네그로, 노르웨이, 네덜란드, 폴란드, 포르투갈, 체코공화국, 루마니아,

어져 있고, 스트라스부르 Strasbourg에 그 본부를 두고, 여러 가지 임무를 수행하기 위하여 창설 되었는데, 그 중 하나의 임무는 특히 언어 • 문화의 교수 • 학습과 관련되는 것으로, 즉 특수한 문화들을 넘어서 공통적이고 공유되는 가치를 바탕으로 하는 유럽의 정체성 의식을 촉진한다는 것이었다 (모로우 Morrow, 2004). 이러한 방향설정에 따라 유럽평의회의 활동은 1950년 이후 이제까지 유럽의 외국어 교수·학습의 변화의 기초가 되었는데, 이를 통하여 특히 의사소통 접근방법을 보급할 수 있었고, 오늘날에 이르러서는 「공통기준」의 보급이 가능하게 되었다.

<표 1> 외국어 교수 • 학습에 대한 유럽평의회의 활동

1950년대 : '기본 프랑스어'의 제작을 위한 지원

우선적으로 가르쳐야 할 내용을 기본 프랑스어(1475개의 낱말로 구성된 기본 프랑스어 I과 1609개의 낱말이 포함된 기본 프랑스어 II)로 제시하였는데, 이것은 구어의 빈도와 사용 가능성이 높은 어휘들을 조사함으로써 제작되었다. 이 목록을 통하여 매우 흥미로운 사회언어적인 연구를 보여주었으며, 그 밖에도 이 목록은 외국어 교수·학습에 대단한 효과를 발휘하였다. 이 연구는 크레디프 CREDIF가 이어서 성인용으로 개발한 시청각 교재인 『프랑스의 소리와 영상』 *Voix et Images de France* 이라는 교재의 토대가 되었고, 그 이후 이 교재는 전 세계 도처에서 수많은 학습자에게 프랑스어 첫걸음을 인도하는 교재가 되었다[6].

1970년대 : 의사소통 접근방법의 바탕이 된 두 연구 프로젝트

유럽평의회는 다음과 같은 두 개의 대규모 프로젝트를 수립하였다. 그 첫 번째 것은 1971년부터 1982년까지 수행된 것으로, 언어능력에다 제스처나 문화 등에 관련된 능력을 통합함으로써, 언어능력을 넘어서는 의사소통 능력을 학습자에게 부여하는 한편, 학습자의 자율성을 조장하여 학습자 스스로 학습을 관리할 수 있게 한다는 것을 목표로 설정한 '외국어' 프로젝트이고, 두 번째 것은 이 프로젝트와 밀접하게 연계를 맺으면서 등장하게 된 '유럽의 이주 노동자 교육'이라 명명된 프로젝트였다. 이 프로젝트는 이민자 자녀들이 소유하고 있는 출신국의 언어·문화와 연계하여 해당 국가의 언어를 학습하는 것에 중점을 두었다.

영국, 산마리노, 세르비아. 슬로바키아, 슬로베니아, 스웨덴, 스위스, 터키, 우크라이나 (참조 www.coe.int/T/F/Com/A_propos_COE/Etats_membres)

1980년대 : **의사소통 접근방법의 보급**

의사소통 접근방법을 중심으로 수행된 최초의 논의들은 유럽을 확장하는 상황에서 정치적인 성격을 배경으로 하여 이루어졌다. 즉 유럽 건설을 위한 다음과 같은 두 가지 야심 찬 계획이 중시되었는데, 이는 유럽평의회가 성인을 대상으로 하는 외국어 수업을 설계하기 위하여[7] 1971년 전문가 진들을 결성하였을 때였다.

1) 유럽 지역에서 사람들이 쉽게 이동할 수 있게 하기
2) 유럽 성인이 모듈 식으로 구성하는 외국어 학습을 위하여 이수단위 체계를 설정하기

이수단위 체계를 실현한다는 이 야심 찬 계획이 이루어질 수 없었던 것은 필경 정치적인 여건들이 성숙해 있지 않았기 때문이었을 것이다. 교수 방법론과 관련된 목표를 정치적인 성격의 목표보다 우위에 두는 정도에서 그치고 말았다. 다시 말해서 이와 같이 공유하는 유럽의 교육 문화의 구축과, 대화자 간의 효율적인 의사소통을 용이하게 하는 외국어 교수의 접근방법을 중시하는 것에 그치고 말았다(베아꼬, 부께, 뽀르끼에 Beacco, Bouquet & Porquier, 2004:10).

2000년대 : **「공통기준」의 보급**

오늘날 유럽평의회는 목표를 의사소통 접근방법을 추진하는 일에 더 이상 두지 않는다. 그 목표는 충분히 실현되었기 때문이다. 유럽평의회를 통한 「공통기준」의 강조와 보급이 가능하게 되면서, 사실상 유럽에서 외국어 교육을 화합할 수 있는 방법을 생각할 수 있게 되었다. 이 참조 도구는 사실상 과학적인 바탕을 둔 것이지, 규범적인 것이 아니며(「공통기준」은 교육현장의 담당자들이 탐구하기 위한 바탕으로 활용되어야 하는 것이지, 이들이 무엇을 해야 하는지에 대해서는 교육현장의 담당자들에게 정보를 제공하지 않는다), 「공통기준」은 모든 독단적인 원리를 기피하고 있다는 점에서, 결함이 없고 틀림이 없을 것이다. 즉 「공통기준」은 개방적이고, 역동적이며, 모든 접근방법과 모든 관점들을 수용한다. 그리하여 이를 사용하는 사람들은 누구나 여기서 제시된 기준들을 자신의 교수·학습의 특수한 상황에 어디까지 적용할 수 있는지를 검토할 수 있다. 요컨대, 「공통기준」은 대비될 수 있는 교육계획들의 설정을 가능하게 하고, 공통의 방침을 제시할 수 있게 하며, 교육계획이 산만하게 되는 것을 적기에 축소시켜 줄[8] 수 있는 참조 도구가 된다.

이러한 연구 작업을 거쳐 「공통기준」은 9개의 장과 4개의 부록으로 이루어지기에 이르렀다. 각장에서 취급된 주제들과 각장에서 다루어진 주요 개념들은 다음의 <표 2>와 같다.

<표 2> **「공통기준」의 계획**

장 및 부록	취급된 주제	주요 개념
제1장	정치 교육적인 상황에서 「공통기준」	언어정책 다언어사용
제2장	취급된 접근방법	행동 접근방법 언어능력 언어활동 언어사용의 변수
제3장	공통 참조 수준	언어능력의 수준 언어능력의 척도 가지치기 접근방법 설정기준

6) 이에 관련된 자료들은 다음과 같다.
『초급 단계의 기본 프랑스어』 *Le français fondamental premier degré*, 1959, 국립연구자료원 Institut national de recherche et de documentation pédagogique
『중급 기본 프랑스어』 *Le français fondamental second degré*, 1974, 국립교육원 Institut pédagogique national
『프랑스의 소리와 영상』 Voix *et Images de France 1er et 2e degré*, 1960-1968, Didier-Hatier international, 교육부 편집출판부 Service d'édition et de vente des publications de l'Education nationale, CREDIF,

7) 이 교재들은 영어의 경우 『(영어) 입문 수준』 *Threshold Level*에서 그 형태를 가져왔고, 프랑스어의 경우는 『(프랑스어) 입문 수준』 *Niveau-seuil*에서 그 형태를 빌어 왔다.

8) 이러한 동일한 움직임 속에서 유럽에서 외국어 교육을 개선할 목적으로 오스트리아의 그라츠에 유럽의 외국어 교육원(Centre européen pour les langues vivantes)이 창설되었다.

제4장	외국어의 사용과 사용자로서 학습자	분야와 상황 의사소통을 위한 과제, 목적, 주제 전략. 언어 의사소통의 작업 (구어 또는 문어) 텍스트
제5장	사용자로서 학습자의 언어 능력	단계별 언어능력과 의사소통 능력
제6장	외국어 교수•학습의 작업	습득·학습 다언어 능력의 개발 학습방법과 교수방법
제7장	외국어 교수•학습에서 과제와 그 역할	의사소통 과제에 대한 기술과 실행 그리고 그 어려움
제8장	언어의 다양성과 교육과정	다언어 사용 학습목표 교육과정의 전개 부분 능력
제9장	평가	언어능력 평가의 목적과 유형 테스트와 시험의 내용
부록 A	언어능력의 설정기준 설계	능력의 척도 가지치기 접근방법
부록 B	제시의 척도들	과학적인 연구를 위한 스위스의 지원에 따른 프로젝트 방법론
부록 C	디아랑 DIALANG*의 척도들	자기평가의 척도
부록 D	알트 ALTE**의 정의	학습의 기능적인 입문 실행 능력 분야 : 사회생활과 관광, 직업, 공부

역주 * : 다아랑 DIALANG이란 test DIAgnostique en LANgues의 약자로서, 유럽 언어에 대하여 「공통기준」이 정한 언어 능력의 수준에 따라 학습자 스스로 평가할 수 있게 하는 도구를 말한다.

역주 ** : 알트 ALTE(Association of Language Teachers in Europe) 유럽의 외국어 교사 연합

우리는 본서에서 「공통기준」에 제시된 장의 순서대로 살펴보려 하지 않는다 [각 장의 순서에 따라 설명한 것으로는 트림 Trim(2002:3-53)이 있는데, 순서대로 살펴보려면 이를 참고하면 될 것이다]. 이렇게 하는 것은 「공통기준」의 순서를 혼란시키고 개념들을 묶어서 다루게 된다는 우려는 있겠지만, 외국어 교수·학습의 담당자들에게 「공통기준」의 핵심적인 요점들을 조명하게 할 것이다.

이제 우리는 「공통기준」을 세부적으로 살펴보려 한다. 「공통기준」이 외국어 교수·학습에서 어떻게 자연스러운 변화(나아가 혁신)로 이루어진 것인지 부터 자세히 살펴보자 한다.

제 2장

「공통기준」과 외국어 교수·학습의 행동 접근방법

외국어를 배운다는 것은 무엇인가? 외국어를 배우기 위해서는 어떤 능력을 개발해야 할까? 이 문제와 관련하여 무엇이 어떻게 변화하였는지를 살펴보는 일은 21세기를 맞이하면서 시급하게 되었다. 의사소통 접근방법의 어떤 아류들은 실제로 학습자의 프로필을 '외국어의 최고능력 학습자'로 제시하였는데, 이는 외국어를 원어민 화자처럼 말할 수 있고, 구어와 문어를 이해하는 것뿐만 아니라 이를 표현하는데 있어서도 원어민과 동일한 수준의 능력을 발휘하는 학습자를 말하는 것이었다. 외국어에 첫발을 딛는 학습자에게 이처럼 '최고능력 학습자'의 기준에 자신의 발달을 측정하게 함으로써 많은 초보자들을 좌절하게 만들었다. 바로 이러한 의사소통 접근방법의 일탈의 일례는 외국어를 배운다는 것이 구체적으로 무엇을 의미하는지를 되돌아보게 하였다. 『공통기준』에서 중시되는 관점은, 1970년대부터 채택된 방향(유럽평의회의 활동을 요약한 <도표 1>을 참조할 것)에 부합하는 것으로써, 행동적인 유형의 관점이다. 다시 말해서 외국어를 배운다는 것은 의사소통하기 위하여 외국어를 능동적으로 활용할 준비를 한다는 것으로 간주한다는 것이다.

이 관점은 행동에 기초를 드는데, '행동적인 유형'이라는 말에서 '행동적인'이라는 말이 수식하는 바와 같다. '행동' 이란 용어가 『공통기준』의 핵심어라는 데에는 이론이 있을 수 없다. 여기에서 "행동 접근방법을 채택한다는 것이 교실 안에서나 밖에서 항상 행동으로 이루어진다는 것을 의미하는가?" 하는 의문이 교수자의 입장에서 당연히 제기된다. 우리는 이 책을 처음 출판할 때부터 행동 접근방법과 가시적인 활동을 혼동해서는 안 된다는 경계를 분명히 표명한 바 있다(103쪽을 참조할 것). 만약 책 속에 몰입되어 있는 학생이 있다면, 이 학생은 역할 놀이에 열정적으로 참여하고 있는 다른 두 동료 학생이나 또는 깊은 생각에 빠져있는 듯 보이나 사실은 마음 속으로 다음 시간에 치러야 할 채용 면접을 (자신을 소개하는 말을 반복하고, 예상되는 질문에 대한 대답을 미리 하면서) 준비하는 학생 못지않게 행동적인 것이다. 본장 앞부분의 목표는, 자세히 말해서 교실의 실제와 직접적으로 연관을 맺는 이러한 관점의 세 가지 원리를 도출해 내는데 있다[14].

행동 관점의 세 핵심 원리

「공통기준」의 저자들은 행동 관점을 권장하면서, 모든 행동이 자리 잡는 사회적인 상황을 강조한다. "의사소통 기능은 언어활동 내에서 실현되는 반면, 언어활동 그 자체는 사회적인 상황에서의 행동 속에 자리 잡는다. 그 이유는 오로지 사회적인 상황에서의 행동만이 언어활동에 온전한 의미를 갖게 된다는 데 있다(「공통기준」 2.1)."

행동 관점의 첫 번째 기본 핵심 요점은 **행동을 행동의 총체 속에서 중시한다**는 것이다. 다시 말해서 언어 교수자들은 '이전하기', '연장을 다루기', '가구를 옮기기'와 같이 언어적이지 않은 다른 활동들을 분명 별도로 취급하는 경향이 있는데, 여기서 말하는 총체 속에는 이런 활동들과 밀접한 관계를 맺는 언어활동들 (수신, 표현, 상호작용, 중재의 활동)이 포함된다. 이는 사실 코스트 Coste (2009:16)가 지적하는 바와 같이, "언어활동이 행동 속에 개입되는 다른 활동들을 수반하고, 언급하며, 이에 좌우될 때, 언어활동은 사실상 (주제의 전개 순서, 논증이나 대화의 구성과 같은) '내재적인' 언어체계의 통일성의 형태보다는 바로 그런 활동들을 통해 구조화된다." 예컨대, 기자들이 TV에서 럭비 경기를 해설하는 경우나 외과 수술실에서 수술을 할 때, 행하는 대화를 보면, 언어활동이 언어가 아닌 다른 활동과 어떻게 밀접하게 관련되는지를 잘 이해할 수 있다. 달리 말해서, 의미를 부여하고, 말의

---

14) 본서 8장에서 질의응답 식으로 구성된 행동접근방법에 관한 전개들을 참조할 것.

리듬을 나타내는 것은 '신체적인' 행동인 것이다[15].

이와 같이 행동을 행동의 총체 속에서 중시한다는 것은 이제 학습자들이 실현해야 할 활동 속에 반영되었고, 『공통기준』의 원리들을 준수하는 '새로운 세대'의 외국어로서 프랑스어 교재들을 통하여 실현되고 있다. 예컨대 A1 수준*을 목표로 하는 『잇시 *Ici*』 라는 교재 (2007:27)를 보면 '발견하기 파일 Fichier Découvertes'이라는 항목이 있는데, 학생의 주거지를 묘사하는 경우에서 학습자는 사진을 찍어보고 바탕 도면을 만들면서, 주거지를 묘사하라고(<도표 1>을 참조할 것) 제시하고 있다.

볼 것도 없이 이러한 활동이 행동 관점의 전형적인 것이라 여겨진다. 이를 의사소통 접근방법의 활동 유형과 대조하는 것이 무용하지 않을 것인데, 이를 통해 무엇이 어떻게 다른지 그 차이점을 분명히 확신하고 행동관점의 활동을 인식할 수 있겠기 때문이다(<도표 2>을 참조할 것).

그 차이점을 종합하자면 다음과 같이 지적할 수 있을 것이다. 의사소통 접근방법은 학습자가 상상력을 동원하여 거주지 내에 있는 자신을 영상으로 그려내고 마음속으로 거주지를 둘러보고, 가상 상황을 묘사하는데 반하여, 행동 접근방법은 학습자가 분주한 행동 가운데 있게 되는데, 학습자가 거주

---

15) 또한 훌레 Roulet(2005:37)는 대화식 뿐만 아니라 혼자 말하기 담화의 구성과 그 교수·학습을 조건 짓는 쟁점들을 이해하는데 불가피한 참조기준을 확장하고 심화하도록 이끄는 담화의 분석과 교육학에서 행동과 관련된 전기를 조명하고 있다. 훌레는 이와 같이 자신이 상호작용의 '행동 기준'이라 부르는 것에 대한 기술을 제안하고 있는데, 이것을 특히 (예컨대 도서관 사서와 사용자와 같은) 상호작용의 행위자들의 사회적인 신분, 각자의 실천적인 역할(이 경우 서비스 제공자와 수혜자), (자신의 도서업무를 관리하기와 같은) 한 쪽의 활동과 (학교 숙제를 수행해야 하는) 다른 한편의 활동 계획이 도서관에서 서로 만나면서 서로 어울리는 방법으로 정의하고 있다(상게서 33쪽). 주네브 학파가 전개한 이 '행동언어학'과 「공통기준」에서 비롯하는 행동 관점을 밀접하게 연계시키고자 하는 것이 특히 리셰 Richer(2009)와 드니에 Denyer(2009)가 주장하고 있는 입장이다.

* 역주 : 「공통기준」은 학습자가 도달해야 할 능력의 수준들을 초급(A), 중급(B), 고급(C)으로 나누되, 다시 각 단계를 둘로 세분하여 A1, A2, B1, B2, C1, C2의 능력의 수준으로 구분한다. 즉 A1의 수준은 초급의 첫 단계이다. 이에 대한 자세한 설명은 3장에 있다.

지 안에 있으면서, 이에 대하여 수행하게 될 묘사는 사진과 도면이라는 구체적인 요소들로 구체화된 시각에서 이루어지기 때문이다. 이와 같이 의사소통 접근방법에서 학습자는 제시된 틀의 실체를 통하여 자신을 드러내지만, 행동 접근방법에서 학습자는 모든 일을 실행함으로써, 자신에게 맡겨졌던

<도표 1> 거주지 묘사하기에서
행동의 총체 속에서 행동을 중시하는 예시

과제 2 학생의 거주지를 묘사하기

둘씩 짝 지워진 프랑스어권의 학생은 짝의 연락처를 선생님에게 물어 보세요. 그리고 만날 약속을 하고, 방문하세요.

a) Qui est-ce ? (nom, âge, nationalité, études)
그는 누구인가 ? (이름, 연령, 국적, 전공)

학생 사진

b) Son logement est (그의 거주지는)

☐ une chambre en résidence universitaire (대학 숙소의 방이다.)
☐ un studio en résidence universitaire (대학 숙소의 원룸이다.)
☐ une chambre en famille (가정집의 방이다.)
☐ un appartement indépendant (독립된 아파트이다.)
☐ une colocation (공동거주 주택이다.)

Prenez des photos. (사진을 찍으세요.)

c) Faites le plan du logement. (주거지의 도면을 만드세요.)

<도표 2> 거주지 묘사하기에서
언어적인 측면에서 행동을 중시하는 예시

12. Où préférez-vous habiter(**어디에서 살면 좋겠어요**)? Décrivez ces appartements(이 아파트들을 묘사하세요). Quels sont leurs défauts, leurs qualités(그 장 단점은 무엇인가요)?

출처 : 도미니끄, 지라르데, 베르델란 P.Dominique, J.Girardet, M.Verdelhan
베르델란 M.Verdelhan(1988) : 느보 쌍프롱티에 1 Le nouveau sans frontière I, p.63

임무에 부합하는 현실에서 대책을 마련하거나 관계자의 입장에서 현실을 이해하고자 한다[16].

다음의 표는 두 활동과 두 접근방법에서 가장 두드러지게 다른 점들이 무엇인지를 밝히고 있다.

---

16) 게다가 특히 특수목적 프랑스어 교수·학습을 대상으로 하는 출판사의 교재들의 변화를 보면 이러한 연계 관계가 명백하다. 즉 1990년대 말 (병원, 회사, 국제 세미나 등 예컨대, http://www.hachettefle.fr 라는 홈페이지를 참조할 것) 장소와 주제를 대상으로 하는 총체적인 모의활동을 만들어내는 구상으로부터 주어진 분야에서 의사소통을 통한 학습자의 직접적인 행동을 대상으로 하는 2000년대의 저서로 옮겨가고 있는 것이 추적된다. 이는 français.com, Affaires.com, Tourisme.com, Hôtellerie-Restaurant.com, Informatique.com, Environnement.com, Banque-Finance.com, Secrétariat.com, Santé-Médicine.com, Sciences-Technique.com, Diplomatie.com, Administration.com(끌레 엥떼르나시오날 CLE international의 홈페이지인 http://www.cle-inter.com을 참조할 것)에서 확인할 수 있을 것이다.

<표 3> 의사소통 접근방법과 행동 접근방법의 차이점
(거주지 묘사하기의 경우에서)

	의사소통 접근방법	행동 접근방법
학습자의 입장	활동에 필요한 자료의 수용자	활동에 필요한 자료의 생산자
교수자의 입장	활동의 동기 부여자[17)]	특히 도와줄 준비가 되어 있는 원어민 화자들이 있는지를 조사하는 '현장 파일'의 생산자 (로젠과 샬레 Rosen et Schaller, 2009:175)[18)]
행동 유형	(언어 표현에 중심을 두기 때문에) 단순함	(언어와 관련되는 행동과 언어와 관련되지 않은 행동이 결합되어 있기 때문에) 복잡함
활동의 실현	교실에서 이루어짐	교실 밖에서 이루어짐
위험 부담 및 개인적인 집중도	극히 적음	매우 큼

17) 이에 대하여 『교사용 지도서 *Le livre du professeur*』 (지라르데 J. Girardet, 의 『누보 쌍프롱띠에』 *Le nouveau sans frontières*, 1988, CLE International p. 51)에서 제시된 지침들을 보면 다음과 같다. "학생들은 세 가지 유형의 거주지에 있다. 이들은 이 가운데 어디에 살기를 선호하는지를 선택해야 하고, 이것을 선택한 근거는 무엇이고 또 왜 다른 두 곳을 멀리 하는지를 말해야 한다(이 활동은 개인 또는 모둠으로 이루어 질 수 있다. 후자의 경우 학생들은 자신들의 선택에 따라 모둠을 만들어, 공동으로 그 논증을 준비한다). 또한 (교사용 지도서가 제공한) 사진에 대하여 정보를 제공할 수 있을 것이다."

18) 이러한 활동들을 실현한다는 것에 대하여 특히 빠르뻬뜨 Parpette(2005:30)는 "교수자들 간의 팀 작업과 교수자 각 개인의 재원의 상호도움"을 함축하는데, "이를 통하여 오로지 아주 다양하고도 많은 대화자들의 견고한 조직망을 만들어 교수자들의 부담을 피할 수 있다."고 종합적으로 지적하고 있다. 이러한 작

이와 같이 『공통기준』의 저자들은 학습자를 모든 언어 사용자와 마찬가지로 사회적인 행위자로서 간주한다. 이에 대하여 『공통기준』의 2.1을 보면, "본서에서 중시하는 관점은 행동 유형인데, 이는 그것이 무엇보다도 언어 사용자와 학습자를 모두 사회적인 행위자로 간주한다는 점에서 그러하다."라고 지적하고 있다. 달리 말해서 교실을 '완전한 실재적인 사회'로 간주하기 위한 시도가 이와 같이 분명히 표명되어 있다고 보며(뿌렌 Puren, 2009a:155), 이러한 시도는 대화의 행위자들을 중시하는 고유한 의사소통의 형식을 요구할 수 있을 것이다(씨르뀌렐 Circurel 2005:21)[19]. 이것이 행동 접근방법의 두 번째의 요점이다. 우리는 여기에서, 첫 수업부터 학습자와 더불어 실현할 수 있는 집단적이거나 개별적인 이러한 형태들 가운데 몇가지를 제시함으로써, 이를 명백히 밝혀보려 한다.

이러한 형태들 가운데 첫 번째 것은 수업의 전형적인 것으로서, 학생들이 교실에서 사용하는 어휘들을 공부한다는 것과 관련된다. 다음의 예시는 이주민을 위한 프랑스어 교재인 『트레뒤니옹 Trait d'union』 (2004:8)에서 제시된 것을 인용한 것이다(<그림 도표 3>을 참조할 것).

교실을 하나의 완전한 미시사회로 간주하는 또 다른 전형적인 방법은, 교실의 협약을 설정하는 것인데, 이 협약이 강요된 것이든 협의된 것이든 그러하다. 이런 협약은, 릴 Lille 3 대학의 외국어로서 프랑스어 교육원에서 사용한 다음의 예시에서 보는 바와 같이 (<그림 도표 4>를 참조할 것), 제도적으로 부과되어, 학습자의 동의로 이루어질 수 있다.

업은 모든 상황에서 생각할 수 있는 것은 아니다. 교실 밖에서 외국어를 사용할 수 있는 상황이라 하더라도 특별한 여건들이 마련되어야 한다. A1 수준의 15명의 학습자로 구성된 4개의 교실을 담당하면서, 이러한 활동을 실현하려는 교수자를 생각해 보라. 아파트 방문을 위해 동원해야 할 30명의 원어민(또는 두 번에 걸친 방문과 4명으로 구성된 모임을 흔쾌히 접대하는 15명의 자원자)으로 구현된다. 본서 제9장을 또한 참조할 것.

19) 씨르퀴렐 Circurel(2005:21-24)은 교실의 상호작용과 담화분석을 결부시키면서, "행동 이론과 교실 접근방법에 대한 가능한 변화는 무엇인가?"라는 의문을 제기하며, 논증 접근방법과 상호작용 접근방법 이후 교실에서의 담화를 공부하는데 세 번째의 '시기'를 구분하고 있는데, 이는 행동이 시행되고 나아갈 길을 개척하고 합리성과 효율성을 추구하는 여건들을 중시하면서, 행동적인 측면에 많이 관심을 기울이는 단계라고 하고 있다.

이 협약은 교수자와 학습자들 사이에서나, 학습자들 사이에서 협의의 대상이 될 수 있고, 성공적인 모둠 활동을 위하여 다음과 같이 10가지 규정을 명시한 협약에 이를 수 있을 것이다(라인하르트 Reinhart 2000:45 <표 4>를 참조할 것).

<도표 3>

특별한 표현이 사용되는 완전한 실재 사회로서 교실

<도표 4> 필요한 교실 협약의 예

여러분들에게 요구되는 것은 다음과 같습니다.

- 여러분들은 수업에 적극적이어야 합니다.

- 모든 수업을 수강해야 합니다.
- 집에서 공부해야 합니다.
- 규칙적으로 숙제를 해야 합니다.
- 모든 과제를 선생님에게 제출해야 합니다.
- 교실에서나 사회에서 가능한 한 자주 프랑스어로 의사소통해야 합니다.

- 결석할 경우 선생님에게 (진단서, 소환장, 취업 계약서 등과 같은) 근거 자료를 제출해야 합니다.

- 정시에 도착해야 합니다. 수업에 지각하면, 모둠 활동과 학습 활동의 역동성에 지장을 줍니다.

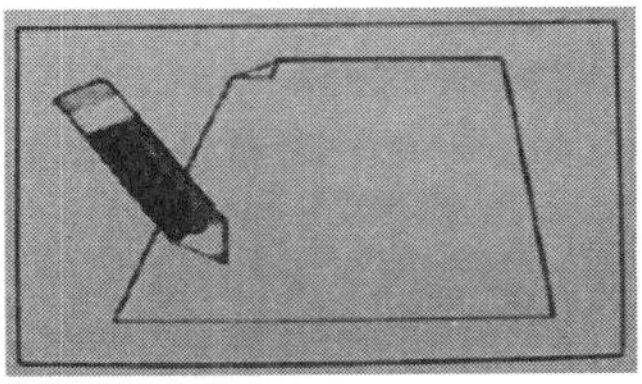

- 시험에 관한 규정에 따른 지침들을 준수합니다. 시험 날짜는 정해진 것으로, 어떤 경우에도 변경될 수 없습니다.

<표 4> 협의된 협약의 예시

1) 모둠 활동에 적극적으로 참여합니다.
2) (내 의견과 다를지라도) 다른 사람의 견해를 용인합니다.
3) 모둠 구성원들을 존중하고, 이들을 놀리지 않습니다.
4) 단지 내용이나 행위를 비판할 뿐, 인격적으로 타인을 비판하지 않습니다.
5) 다른 사람들의 말을 주의 깊게 듣습니다.
6) 다른 사람이 하는 말을 중간에 끼어들어 가로 막지 않습니다.
7) 모둠이 목적을 달성할 수 있도록 문제 해결에 협력합니다.
8) 모둠이 지침에 집중하고 있는 점을 주목합니다.
9) 모둠 구성원으로서 작업의 성공에 책임감을 갖습니다.
10) 너무 크게 말함으로써 다른 모둠을 방해하지 않습니다.

교실을 하나의 완전한 작은 사회로 여기는 순간부터, 교실의 규칙과 협약을 논의하는 그러한 활동들은 다른 의미를 갖게 되는데, 그것이 수업 시간의 낭비가 아니고, 여타의 활동처럼 학습자가 언어 능력 못지않게 화용 능력과 사회언어 능력을 개발할 수 있게 한다. 교실을 하나의 완전한 사회로 간주하는 것은 이와 같이 모의활동의 지속적인 실현을 가능하게 하고, 학습자가 역할을 수행하는 시나리오들을 지속적으로 설정하게 하며, 이뿐만 아니라 교수·학습의 단계로서 통합되고 인정되는 단계들로서, 교실에서의 표현, 교실의 협약, 또는 나아가 제도권 교육에서 교실의 생활과 같은 교실 현실 자체에 바탕을 두어 공부하는 단계들을 확보하게 한다.

앞서 제시된 10개의 규칙 중 특히 주목해야 할 것은 학습자 자신의 이름으로 참여하는 학습자로서 '당사자'의 위치이다. 이것이 바로 교실을 다르게 중시하게 된 변화 가운데 하나이다. 이를 통하여 실제의 생활 속에서 사회적인 행위자가 되도록 이끄는 학습자의 준비(이는 의사소통 접근방법의 특징이다)와, 프로젝트 수업(계획 수업)에서 교실과 제도에서 사회적인 행위자로서 학습자의 준비(이는 행동 접근방법의 특징이다)가 어떻게 다른지를 구별할 수 있다. 이제 이에 대하여 자세히 살펴보려 한다.

의사소통 접근방법의 목표로서 모의 수업을 통하여 실제 생활의 사회적인 행위자가 되기 위한 학습자의 준비

B2의 수준은 예컨대 논증을 강조한다. 즉 학습자 개개인이 특정한 연관관계와 과제에 따라 정해진 역할이 부여되는 토론을 준비한다는 것이 수업의 중요한 활동 가운데 하나이다. 나아가 이 수준에서는, 기능적인 모의활동이 서로 대립하고, 연합하며, 책임을 전가하고, 옹호하는 당사자와 행위자들 사이에서 이루어질 수 있다. 다음과 같은 상황들이 이에 해당한다.

<표 5> 기능적인 모의활동의 상황을 위한 몇 가지 방안

- 결정을 하고 선택을 해야 하는 (학교장, 학부모, 학생, 교수자, 행정직원, 초빙자들로 구성되는) 학교 시설의 행정 위원회
- 도시개발 계획, 건설 계획, 사회적인 또는 환경보호 프로젝트와 관련된 (시장, 보좌관, 정책의 대립자들, 전문가로 구성되는) 시 위원회

이러한 유형의 모의활동에서 참여자 각각의 중요성을 지적하고, (특히 학습자와의 연관관계, 학습자에게 부과되는 과제, 체면 상실의 위험, 활동 시 체면을 살리기 위한 적절한 수단들과 같이) 각자의 역할을 자기 것으로 만들 필요가 분명 있게 된다. 이러한 기능적인 모의활동은 보완의 두 단계를 통하여 효율적으로 수행될 수 있을 것이다. 첫 번째 단계는 학습자들이 2~3명의 모둠을 구성하여 제한된 분과회의의 상호작용 활동에 익숙하게 하는 단계이고, 두 번째 단계는 학습자 전체를 대상으로 교실 모둠으로 행하는 단계이다.

모의활동의 수업에서 훈련을 통하여 학습자가 실제의 생활에서 사회적인 행위자가 되도록 준비시키는 것은 의사소통 접근방법의 특징들 가운데 하나이다. 이러한 모의활동에서 다시 지적되는 것은 학습자는 미리 전제된 현실과 역할 속에 자신을 투영해야 하고, 자신이 시 위원회에서 도시계발과 건설 계획, 사회적인 또는 환경보호 프로젝트에 대하여 논하기 위해서 시장, 보좌관, 정책의 대립자, 전문가라도 '되는 양' 행하여야 한다는 점이다 (이는 학습자가 언제 그러한 위치에 있게 될 수 있을지 알 수 없는 일이다). 이점이 행동 관점과 다를 것이다.

프로젝트 수업에서 교실과 제도의 사회적인 행위자로서 학습자의 준비

행동 관점에서 사회생활에서의 흉내 내기의 필요성을 넘어서기 위해서는, 제도의 중심 가운데 설정해야 할 프로젝트를 실현하는 것을 생각할 수 있을 것이다. 프랑스의 릴 Lille 3 대학 국제 프랑스어 교육과(DEFI : Département de l'Enseignement du Français à l'International)에서 2002년부터 실시되고 있는 학생 대표 선출의 예를 들어 보자. 대표가 되기를 희망하는 학생들은 그 의사를 표명하고 학과의 건물에 벽보를 붙이고 짧은 관련 광고를 사용하면서 진정한 의미에서의 선거 운동을 수행한다.

선거 당일에는 모든 학생들이 밖에서 알 수 없도록 투표용지를 선택하여 투표함에 넣을 수 있는 기표소가 설치되는데, 이는 프랑스의 모든 선거의 전형적인 방법과 동일한 것이다. 개표를 마치고 세 명의 대표가 선출된 뒤 이들 대표들은 학과 생활과 학과 모임과 결정과정에 온전히 참여한다.

이 요점(<표 6>을 참조할 것)이 완전히 발전된 것으로 가치 있다고 보는 것은, 그것이 우리가 여기에서 분명히 밝혀보려 하는 행동 관점의 세 번째 특징으로서, **이러한 방법이 프로젝트 교육학에서 행동 관점을 실행하기 위한 이상적인 방법이 되기 때문이다.**

따라서 『공통기준』의 중간 중간에서 언급되고 있는 소위 프로젝트 교육학은 분명 학습자가 사회적인 행동을 준비하게 하기 위한 최선의 수단이 된다. 왜냐하면 교실에서 사회적인 행동의 실현을 중시하기 때문이다(쀠렌 Puren 2006a, 라인하르트 Reinhardt 2009). 예컨대 교실에서 소속 도서관의 문학 장르에 대한 목록을 작성하기, 경연대회를 조직하기, 사진 소설의 형태로 탐정소설 제작하기, 웹사이트를 제작하기 같은 행동들은 분명한 결과에 도달하는 프로젝트가 되며, 이러한 결과를 위해서는 다양한 활동들과 과제들의 실현을 필요로 하게 된다. 이러한 이유에서 누넌 Nunan(2004:135)은 프로젝트를 한 학기 또는 일 년간의 수업에서 수행할 수 있는 '최대 과제들'의 통합과 조직으로 정의하기에 이른다.

<표 6> 시민으로서 학생의 준비와 관련하여 의사소통 접근방법과 행동 관점의 차이점

	의사소통 접근방법	행동 관점
학습자의 입장	행동을 역할로 맡음	학습자 자신이 행동자
교수자의 입장	모의활동의 구성자(나아가 활기 부여자)	선거 기획자
기간 중에 개입되는 활동	일시적인 활동	기간 중에 개입되는 활동 (예컨대, 대학 연중행사 가운데 정해진 시기에 대표 선출, 모임의 회칙 속에 명시된 행동들)
행동 유형	(언어 표현에 중심을 두기 때문에) 단순함	(언어적인 행동과 비언어적인 행동이 연결되어 있기 때문에) 복잡함
활동의 실현	교실에서 이루어짐	교실과 교실 밖에서 이루어짐
위험 부담/ 개별적인 노력	최소	막대함
사회적인 행동	모의 행동	실제 행동[20]

그러한 수행 작업에 참여한 동료들의 증언들을 통하여 이러한 정의는 확고하게 된다. 예를 들어 다음은 외국어로서 프랑스어를 배우는 학생들이 Lille 3 대학의 웹 사이트를 제작하는 프로젝트에 관한 결과 보고서를 요약한 것이다(아이젠바이스와 마르티 Eisenbeis & Marti, 2005).

20) 이는 뿌렌 Puren(2009b:126)이 다음과 같이 종합적으로 지적하고 있는 바와 같다. “(...) 그러나 의사소통 접근방법과 관련하여 이와 같은 기본적인 차이와 더불어 교실이 이제는 독립적인 최소 사회이기 때문에, 사회적인 행동은 이 점에서 단지 더 이상 모의적인 것이 될 수 없고, 실제적인 것이 된다.”

<표 7> '거시 과제들'과 관련된 프로젝트에 대한 증언

웹사이트를 구축하는 공동 프로젝트에 참여한 모든 학생들은 줄곧 여러 과제에 참여하고 있었는데, 그 과제들은 모두가 목적이 분명히 다르지만 공동 프로젝트 쪽으로 추구하는 것이었고, 여러 여건과 제약 그리고 다양한 능력에 부합하는 것들이었다. 그것은 그 항목의 내용을 함께 정의하기(구어 상호작용과 노트하기), 다른 모둠에게 항목을 제시한 것을 발표하기(구어 표현), 웹사이트에서 외부 학생들이 제시한 표현들을 읽고 선택하기(문어의 수신과 구어 상호작용), 문어 표현을 분명히 할 목적에서 다른 사진들을 찾기 위하여 다른 사이트를 방문하기(구어 상호작용)와 같은 것들이었다. 이런 것들을 목록화 하면서 확인된 것은, 이러한 과제들이 인지적인 관점에서 다분히 복잡하다는 점과 학생들은 매우 자주 상호작용을 통하여 공부하였다는 점이다.

이러한 프로젝트에 참여하여 수행하기 이전에, 보르달로와 지네스떼 Bordallo & Ginestet (1993:179)가 작성한 질문에 답해보는 것이 유익할 것이다.

<표 8> 수업에서 프로젝트를 설계하기 위하여 제기해야 할 질문들

수업에서 학습을 통해 전형적으로 학생들에게 문제를 제기하는 핵심적인 생각과 기본적인 개념이 무엇인가? 이러한 생각들을 활용하는데 있어서 어떤 표현(들)과 어떤 실현 작업(들)이 필요할 것인가? 학생들이 이를 쉽게 배우기 위해서는 어떤 프로젝트(들)를 활용할 것인가? 그 프로젝트들은 주당 몇 시간에 몇 주 걸려서야 실현될 수 있을까? 학생은 어떤 파트너(들)와 연계될 수 있는가? 학생에게 제안해야 할 과제(들)는 어떤 것인가? 학생이 필요하게 될 (물질이나 재정과 같은) 수단들은 무엇인가?

우리는 이제 프로젝트 학습을 집중적으로 다룬 이 부분을 마무리하기 위하여 「공통기준」의 원리에 진정 부합하는, 상게서(보르달로와 지네스떼 Bordallo & Ginestet 1993:172)의 결론을 인용하고자 한다. "프로젝트 교육학 덕분에 학생은 자신의 요구를 행동과 연관 지어 표현하기를 배우며, 구체적

인 실현을 통하여 개별화의 과정에 참여하게 된다.[21]"

이러한 프로젝트의 행동 방식의 핵심은 '함께 행동한다'는 것이다. 이는 쀠렌 Puren(2004)이 '행동'이라는 용어를 '공동 행동'이라는 용어로 바꿀 것을 제안하면서, 제기하였던 것이다. 쀠렌은 행동이란 낱말에 공동이란 낱말을 덧붙임으로써 (프랑스어에 접두사 'co'는 라틴어 cum에서 유래한 것으로 '더불어'란 의미를 지닌다) '공동 행동'이란 언어활동에만 국한하지 않고 사회적인 행위자들이 언어적인 측면뿐만 아니라 문화적인 측면에서 사회적으로 행동하기 위해서 협력해야 하는 공통의 행동으로 보고 있다. 쀠렌은 이런 식으로 '함께 행동한다(co-agir)'라는 신조어를 제안하였던 것이다. 이러한 관점에서 학습자의 행위는 설령 개인적인 것이라 해도, 그것은 협력적이며 나아가 항구적인 차원에 자리 잡는다. 이러한 공동 학습을 하기 위해서는 <도표 5>에서 보여주는 바와 같은 능력들이 요구된다.

<도표 5> 협력 학습에서 요구되는 능력들

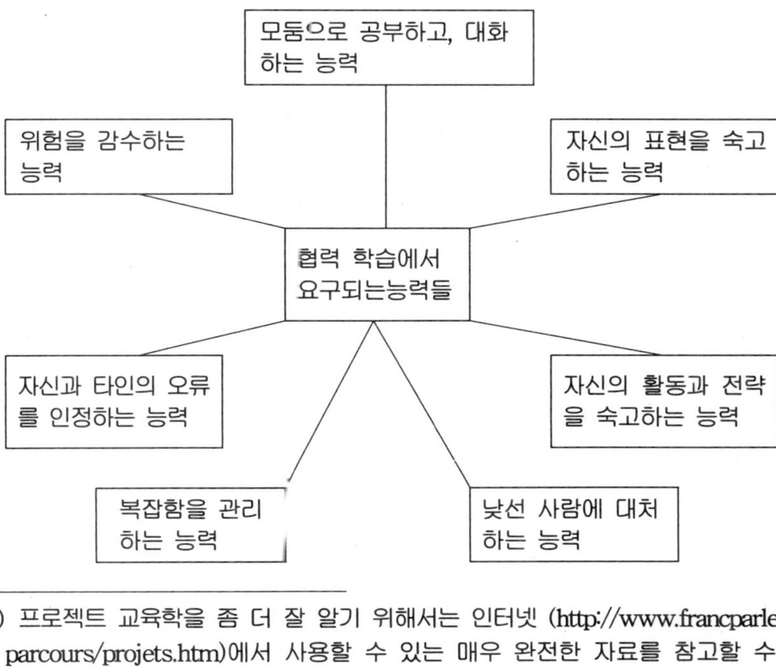

21) 프로젝트 교육학을 좀 더 잘 알기 위해서는 인터넷 (http://www.francparler.org/parcours/projets.htm)에서 사용할 수 있는 매우 완전한 자료를 참고할 수 있을 것이다.

여기에는 오로지 교실이나 또는 교실 수업의 기능으로 할 수 있는 것만이 대상이 되는가? 행동 관점에 이르러서는 교실과 교실 밖의 세상 특히 여기에서는 직업 세계 사이의 경계를 더 이상 분명히 구별하지 않는다. 외국어 교실에서 '실제의 생활'과 특히 직업 생활에서 수행 활동의 문화를 교육하는 것은 중요한 부분이 되었다.

분명히 말해서 행동 관점에서 경제와 노동 분야의 용어들이 교실로 들어오고, 나아가 언어교육학이 경제계를 파고 들어가고 있다(리쉐 Richer 2008, 2009). 이는 넘어서야 할 한 걸음으로 남아, 언어·문화 교실은 실제로 '학습하는 회사 또는 조직'이라 불릴 수 있을(있게 될) 것이다 (뻬렌 Puren 2009a:156).

우리는 여기에서 행동 관점의 세 가지 원리를 도출하고 이를 분명히 밝혀보고자 하였다. 이렇게 하기 위하여, 우리는 도출된 원리들이 이 바탕이 되는 「공통기준」을 부분적으로 어느 정도 넘어선다 하더라도 이에 충실해야 한다는 입장을 취하였다. 제일 먼저 언어·문화 교실을 의사소통의 규칙과 그 협약이 있는 완전한 실재의 사회 (나아가 학습하는 회사)로 본다는 원리이다. 그래서 둘째, 교실이 이제는 더 이상 (단지) '실제 생활'을 모의하는 장소가 아니고, 완전히 실재적인 의사소통의 장이 된다는 원리이다. 셋째, 이러한 미시사회 내에서 중시되는 것은 전체 속에서 행동한다는 원리이다. 여기에는 교실이나 교실 밖에서 활용될 수 있는 언어활동은 물론이고 언어외적인 활동들이 마찬가지로 포함된다.

의사소통 접근방법에서 우리가 학습자에게 준비시켰던 것은 여행, 학교교류 등과 관련된 나라에서 단기 체류를 할 때, 의사소통을 할 수 있게 하는 것이었다. 그러나 행동 접근방법에서 우리가 교실에서 학습자에게 준비하게 하는 것은 (자신의 학업의 일부를 외국에서 수행하기 위해서나 자신의 스펙의 일부를 외국에서 쌓기 위하여) 다분히 장기간 드나들어야 할 유럽에 있는 나라에 동화할 수 있게 하는 것이다. 이제는 단기 체류의 외국인이 예견되는 상황에서 의사소통할 수 있도록 교육하는 것에 더 이상 머무르지 않고, 학습자가 외국에 효율적으로 동화할 수 있는 언어의 사용자로서 사회적인 행위자가 되도록 돕는데 있다[22]. 이러한 교육을 실현하기 위한 중요한

22) 엘리자벨 뮈르피 르젠 Elizabeth Murphy-Lejeune이 2003에 쓴 책을 보면, 여

방법 가운데 하나가 소위 프로젝트 교육학을 설정하는 것인데, 이를 통하여 교실의 실제와 직업계의 실제 사이에 가교를 놓을 수도 있다[23].

(로젠 Rosen이 2009년에 제시한) 다음의 <표 9>는 의사소통 접근방법에서 행동 접근방법으로 나아가는 변화가 (단절이 아니라 분명한 연속을 나타내는) 연속성을 지닌 형태로 실현된 것이라는 점을 종합적으로 보여준다[24].

이와 같이 사회적인 행위자가 되기 위해서는 어떤 능력을 개발해야 할 것인가?

『공통기준』은 문제들을 분명히 살펴보려는 의도에서 능력이란 개념을 적절히 적시하고 있다. 의사소통 능력이란 개념은 의사소통 접근방법을 크게 발전시켰지만, 때로는 모순이 되는 수많은 해석을 야기하였다 [이 주제에 대해서는 베라르 E. Bérard(1991)를 참조할 것]. 따라서 『공통기준』은 의사소통 능력이란 개념을 명확히 하기 위하여, 언어 의사소통 능력을 화자 개인의 일반 능력(개인의 지식 총체)에 속하는 것으로 연계시키고 있다.

행자로서 유럽의 학생으로서 '처음 경험하는 외국인'이 지닌 특징들을 다루고 있다. 외국인 학생들의 동기, 도착을 나타내는 통과 의례, 문화 충격에 대한 정의, 적응화의 과정 등과 같은 것들이다.

23) 이는 뿌렌 Puren이 이와 관련하여 "그런데 프로젝트는 이제 행정 분야에서 뿐만 아니라 기업의 분야에서도 참조적인 새로운 사회적인 수행활동이 되고 있다. 따라서 언어·문화 교육학의 분야에서 프로젝트는 사회적인 수행활동의 관점에서 볼 때, 불가피하게 참조해야 하는 학습의 새로운 수행활동이 되었다" 라고 지적하는 바와 같다 (본서의 제8장도 참조할 것).

24) 이를 보완하는 질문으로서 "「공통기준」을 어떻게 분류할 것인가, 「공통기준」은 단절의 소산인가 아니면 연속성의 소산인가?" 하는 질문을 특히 리쉐 Richer (2009:23)가 제기하고 있는데, 이는 논쟁의 대상이 되고 있다. 연속성을 지닌 소산으로 보는 것은 새로운 것을 수행해야 할 과제라는 개념에 바탕을 두면서 기존의 언어교육학 지식 위에 구축하려는 입장이다 [이것은 특히 베라르 Bérard(2009)의 견해이다]. 반면 단절의 소산으로 보는 것은 리쉐 Richer(2009:25)에 따르면, 이와는 달리 「공통기준」에 활력을 주는 해석인데, 그 이유는 "「공통기준」이 행동언어학을 강조한다는 점과 능력이란 용어에 새로운 의미를 부여한다는 두 가지 점에서 정당성이 있다고 보게 하여 교육학 연구에 새로운 지평을 열어 주기 때문."이라고 지적한다.

<표 9> 의사소통 접근방법에서 행동 접근방법으로의 변화

	의사소통 접근방법	행동 접근방법
목표 청중	일시적으로 대화를 전개하는 단기 체류의 외국인 → 교실의 외국어와 학교 밖에서 시용되는 언어가 다른 의사소통의 현실에 관심을 지님	완전한 사회적인 행위자로서 유럽 및 세계의 시민, → 다언어 교육과 다문화 교육25)에 관심을 지님
교육을 통하여 지향하는 목표	외국어로 의사소통하기를 배우기 → 다른 사람과 말하기 → 의사소통 능력을 개발하기 달리 말해서 특수한 상황에서 상호작용할 줄 알기 (이는 정보-통신의 패러다임 이다. 뿌렌 2009c)	외국어로 공동의 행동과 집단적인 행동을 실현하기 → 다른 사람과 함께 행동하기 → 정보 능력을 개발하기(이에 대해서는 뿌렌 Puren 2009를 참고할 것) 달리 말해서 공동으로 행동하기, 정보를 바탕으로 이에 따라 행동하기(이는 정보-행동의 패러다임이다).
전형적인 활동들	구어와 문어의 산출과 수신 → 과제를 통한 교육학 - 모의 과제 - 단순한 과제 - 교실에서 모의 의사소통 → 대화모형에 따라 이루어지는 역할놀이와 모의활동	상호작용(및 공동 행위)과 중재 → 과제를 통한 교육학 - 실제 과제 - 복잡한 과제 - 교실에서의 실재 의사소통 → 프로젝트 교육학 → 도구의 활용과 공동협력의 환경 (특히 Web 2.0의 환경)
주요 원리	• 의미에 중요성을 부여함(학습자가 의미를 표현하고 이해할 수 있게 하는 유연한 제시순서를 제안하는 개념 문법을 통하여 이루어진다) • 반복을 반대하는 교육학으로, 이는 '오로지 의사소통을 함으로써 의사소통하기를 배운다는 상식적인 가설에 따라 보다 의사소통적인' 의사소통의 연습을 전개함으로써 반복하지 않는다는 원리이다. • 학습자에 중심을 둠. 여기에는 학습자가 교수법의 대상자이거나 수신자가 아니라, 학습의 주체이자 중요한 행위자가 된다는 점이 함축되어 있음. • 의사소통의 사회적이고 화용적인	• 의미를 공동으로 만들어낸다는 점에 중요성을 부여함(연대되어 있는 사회적인 상황에서 이루어지는 의사소통의 수행활동을 강조한다) • 의사소통 접근방법과 마찬가지로 반복을 반대하는 교육학이나, 여럿이 공동의 목적에 도달하기 위하여 집단적인 활동에 참여함으로써 반복하지 않는다는 원리이다. • 교실의 모둠과 집단적인 측면에 중심을 둠. 여기에는 학습자가 능동적이고 연대적인 시민이 된다는 점이 함축되어 있음. • 의사소통의 사회문화적이고 화

	측면들을 중시함 ● 언어활동에 초점을 맞춤	용적인 측면들을 중시함 ● 행동에 초점을 맞춤
이론적인 배경	● (하임즈 Hymes로 인해 화두가 된 의사소통 능력이란 개념을 중심으로 이루어진) 언어이론과 (의사소통 접근방법에 따른) 언어 학습 사이에 연계 설정 → 의사소통 능력의 습득과 교수에 대하여 문제를 제기하게 되었고, 이를 통해 교수의 교육학에서 학습의 교육학으로 전환하게 됨 ● 언어 교수를 위하여 의사소통 기능이라는 개념을 중시함(이 점에서 오스틴 Austin과 설 Searle 같은 언어 철학자의 주된 관심사와 만난다) ● 개인의 자율성을 중시함 → 비판적이고 자율적인 개인을 위한 교육	● 사회문화 목적과 사회 목적을 제기하는 활동 이론(스프린거 Springer FDM 45를 참조할 것) → 학습을 사회 활동으로 간주하며, 학생을 사회의 행위자로 간주함 → 혼자 배우는 것이 아니고, 다른 사람과 더불어 그리고 그들 덕분에, 인간 공동체를 통하여 이미 배웠던 것을 개인적으로나 창조적으로 변형시킴으로써 배움 ● 학습 인지 이론(쀠렌 Puren FDM 45를 참조할 것)으로, 학습 과정의 사회적인 측면(다시 말해서 개별학습에서 환경이 제공하는 도움의 기능)을 강조함 ● (도구를 다루기, 이사하기와 같이) 집단적이고 지속적인 측면에 위치하는 언어와는 다른 행위를 포함하는 언어 행위를 중시함 → 행동이 지닌 복잡성 속에서 행동을 살핌 (코스트 D. Coste FDM 45를 참조할 것) ● 집단 가운데 사회적인 행동과 책임감을 중시함 → 비판적이고 자율적인 개인을 위한 교육 그리고 책임감 있고 연대적인 시민을 위한 교육
평가	의사소통 능력을 평가함	언어 의사소통 능력과 개인과 사회적인 일반 능력을 평가함 → 자기 평가와 형성평가 장치(스프린거 Springer et Veltcheff FDM 45를 참조할 것)를 설정함 → 외국어 능력 인증의 경우, 이해하기와 행동하기의 상호작용과 지식과 행동 사이의 상호작용을 함축하는 신뢰할 수 있는 시나리오에 따라 신청자의 능력을 직접 평가함

능력이란 개념의 규명 : 개인의 일반 능력

개인의 일반 능력은 개인이 소유하는 모든 능력들을 포함하는 능력이며, 언어에만 국한하는 능력이 아니다. 다시 말해서 언어활동을 포함한 모든 활동에 사용되는 능력이다.

「공통기준」은 개인의 일반 능력을 지식(savoirs), 사용능력(savoir-faire), 적응능력(savoir-être), 학습능력(savoir-apprendre)으로 구분한다. 바로 이러한 능력들을 통하여 타인에 접근할 수 있고, 또 다른 사람의 문화를 이해하려는 동기가 될 수 있다.

지식에는 일반교양과 세상의 지식, 문화상호적인 지식이 포함된다. 예컨대 식사시간, 세대 간의 관계, 시간 지키기 등과 같은 한 사회의 독특한 특징들을 아는 것이 이에 해당한다. 이것은 문화상호적인 차이나 국가의 전형적인 특징에 대한 인식으로 이루어지는데, 이는 흔히 외국어 학습 교재를 통해 여전히 유감스럽게도 잘못 매개되고 있다고 여겨진다. 예컨대 포르투갈 학습자에게 "프랑스의 북부 지역의 프랑스인들은 비교적 키가 큰 편이고, 이들의 머리 색깔은 진하지 않고, 눈이 파랗다." 라는 식으로 교재에서 소개하고 있는 것에 대한 결과를 생각해 보라. 학생들은 이런 책으로 공부한 뒤에 현장에서는 그 반대로 프랑스의 현실을 발견하게 될 것이다(오제 Auger 2000). 「공통기준」이 일반교양을 이렇게 중요하게 여기는 데에는 두 가지 중요한 요점에 기인한다. 첫째로는 기존의 생각과는 반대로 새로운 언어를 배울 때 이에 대한 선행 지식을 백지로 여기지 않고, 제로에서 출발하지 않는다는 것이고, 둘째로는 문화의 전형에 대하여 공부할 수 있고 이를 실제적인 지식으로 바꿀 수 있는 것은 외국어를 학습하는 가운데에서나 또는 학습을 통해 가능하다는 것이다. 요컨대, 외국어 학습을 통해 다른 사람을 보다 잘 이해하고, 이들의 문화를 보다 잘 이해할 수 있는 것이다.

사용능력은 사회적인 능력이자, 문화상호적인 능력이며, 특히 외국어의 원어민 화자와 접촉하기 위하여 여러 전략을 활용할 수 있는 능력이다. 다시

25) 이 주제에 대해서는 유럽평의회의 구성 국가들이 학교 교육에서 언어와 모든 언어교수와 관련된 교육계획을 설계할 수 있도록 평의회 언어정책국이 제안한 기본방침을 참고할 수 있을 것이다.

말해서 문화상호적인 오해를 피하거나 극복할 수 있는 능력이다(예컨대 스페인 학습자가 상대방에게 반말 어법을 그렇게 빨리 사용하였던 것은 상대방에 대한 존경심이 없어서가 아니라, 단지 프랑스가 아닌 스페인에서 적용되는 사회 규칙을 적용하였기 때문이라고 설명할 수 있을 것이다).

적응능력은 (수다 떨며 말하기, 자신감 갖기, 어느 정도 자존심 갖기, 의사소통하고 싶어하기와 같은) 인성의 특징과 존재 방식들로 이루어진다. 언어 교수·학습에서 이러한 학습자의 적응능력을 중시하는 것은 매우 중요하다. 학습자가 언어를 배우면서, 학습자의 인성을 바꿀 수 있을 것이라고 기대할 수는 없을 것이고, 이보다는 차라리 외국어로 조화롭게 이러한 내면 깊숙한 인성을 상이한 여러 상황에서 표현하고 전개할 수 있는 수단들을 발견하도록 도와주어야 할 것이다.

학습자의 **학습능력**은 이러한 지식, 사용능력, 적응능력으로 이루어진다. 다시 말해서 새로운 경험을 관찰하고 이에 참여하는 능력이고, 이전의 지식을 바꾸어감으로서라도 새로운 지식을 통합하는 능력이다. 『공통기준』이 채택하고 있는 관점은 자율적인 학습을 최대한 도모한다는 것인데, 정확히 말해서 흔히 '스스로 배우기'라는 부르는 것이 그것이다. 이러한 학습능력의 구현은 언어와 의사소통의 기능방법에 대한 인식을 통하여 이루어지며, 또한 음성에 대한 능력 (특히 모르는 소리를 구별하고 표현하는 능력)을 통하여 이루어지며, 나아가 공부하고 발견하는 능력(예컨대, 찾고자 하는 정보를 발견하기 위하여 정보자료실에 가서 거기에서 사용가능한 데이터베이스를 참조할 수 있는 능력)을 통해서 이루어진다.

일반 능력은 이와 같이 사용자의 지나간 경험들의 과정 가운데 습득된 능력이며, 현재 또는 앞으로 있을 접촉이나 경험을 통해 변화한다. 즉 이 능력은 실제적인 문화상호적인 관점에 기초와 초석이 된다. 이 능력은 의사소통 능력과 유기적인 관계를 맺고 있는데, 그 이유는 이 능력들이 의사소통 능력에 대한 정보를 제공하고 의사소통 능력에 밀접하게 기여하기 때문이다.

능력에 대한 개념 규명 : 언어 의사소통 능력

의사소통의 도구로서의 언어를 직접 활용하는 능력을 『공통기준』은 '언어 의사소통 능력'이라 부르고 있는데, 이 능력에는 언어 구성능력, 사회언어 구성능력, 화용 구성능력이라는 세 가지 구성능력[26]이 포함된다고 본다. 『공통기준』은 이 점에 있어서 분명히 의사소통 접근방법의 지지자들이 전개한 제안들과 맥을 같이 한다. 아무튼 그 구성능력들 각각에 대한 특징을 간단히 되짚어보는 일은 결코 무의미하지는 않을 것이다.

언어 능력은 언어를 배우는 모든 학습자에게 중심이 되는 능력으로, 어휘 구성능력, 문법 구성능력, 의미 구성능력, 음운 구성능력, 철자 구성능력으로 이루어진다. 즉 언어를 안다고 하는 것은 낱말과 표현들 그리고 그 의미를 안다는 것이고, 바른 문장으로 이것들을 구성할 수 있고, 언어 소리의 조합을 파악하고 표현할 수 있다는 것이며, 현재 활용되고 있는 정서법의 원리에 따라 이를 글로 쓸 수 있다는 것을 의미한다. 제시된 이러한 분류는 전형적인 것으로서, 의견이 일치되고 있다. 그러나 적어도 여기서 주목해야 할 것은 정음 구성능력에 부여되는 중요성인데, 이는 흔히 소홀히 하고 있는 것으로, 문어 형태의 발음에 적용되는 원리들을 망라하는 능력(달리 말해서 처음 접하는 텍스트의 의미를 파악하면서 이를 큰 소리로 읽을 수 있는 능력)이다.

화용 능력은 메시지와 담화, 그리고 여러 유형과 종류의 텍스트들을 구성하고 구조화하는데 있어서 사용자가 지닌 지식을 가리킨다. 이는 특히 프랑스어의 경우 '합리적인' 담화의 지식 (즉 서론, 본론, 결론, 전이를 포함하는 구조화된 텍스트를 쓸 줄 아는 지식)을 통하여 이루어진다. 또한 화용 능력에는 일상생활의 상호작용을 보다 잘 관리할 수 있는 능력이 포함된다. 예컨대, 아이러니를 알기, 정보를 묻기 위하여 길에서 어떤 사람과 접촉하기

26) 구성능력(composante)인가 아니면 능력(compétence)인가 ? 이 두 용어는 「공통기준」의 2.1.2 항목에서 사용되고 있는데, 구성능력이란 용어는 용어들 간의 연결 관계를 지적하고자 할 경우에 사용하고 있고, 능력이란 용어는 여러 구성능력의 성격을 지적하고자 할 때 사용되고 있다.

등과 같은 것으로, 후자의 경우, 접근하기, 정보 묻기, 대화를 종결하기와 같은 의사소통 기능의 연결이 필요하게 된다.

다음의 표는 대화자들의 주도적인 발문과 대답을 적시하고, 여기에 요구되는 의사소통 기능은 무엇인지를 명시하면서, 이 접근방법을 보다 명확하게 보여주고 있다.

<표 10> **일상생활에서 화용능력**

발문	대답	의사소통 기능
여보세요. 실례합니다.		말 걸기
	예.	말 걸기에 답하기
시청이 어디에 있는지 알려주시겠어요?		정보 묻기
	약 500미터 가량 똑 바로 가세요.	정보 주기
감사합니다.		감사하기
	천단에요.	감사에 답하기
안녕히 가세요.		인사하기
	안녕히 가세요.	인사하기

물론 이상과 같은 대화를 교실에서 암기하게 하는 것은 중요하지 않다. 중요한 것은 학습자들이, 중단 없이 상호작용을 추구할 수 있도록 대안 전략을 개발할 각오로, (학습자들이 이를 온전히 이해할 수 있는 수단들을 아직 갖추지 못하고 있다하더라도) 이러한 개입에 바탕을 이루고 있는 구조를 알아차리게 하고, 상호작용 속에 대화자의 개입의 중요성을 인식하게 하는 것이다. 달리 말해서 의사소통 기능들이 의미를 지니게 되는 것은, 의사소통 기능들이 사회생활 속에서 다른 의사소통 기능과 더불어 수행되어 어떤 행동을 실현할 수 있을 때인 것이다.

마지막으로 **사회언어 능력**은 일상생활에서 언어를 정확하게 활용하는데 필요한 지식과 기능에 바탕을 두는 능력이다. 언어 사용자 자신의 언어 문화가 어떠한가에 따라 매우 다른 요소들이 이 능력의 일부가 된다. 나이 많은 사람 또는 윗사람에게 말을 건네는 방법이나, (특히 인사나 말을 거는 형태나 감탄의 어법과 같이) 사회적인 관계를 나타내는 표현들이나 또는 예의(또는 무례)에 대한 규칙들이 그 좋은 예시들이다. 전형적인 예를 들자면, 학생이 선생님에게 인사하는 방법과 이 친구에게 인사하는 방법은 동일하지 않다(선생님에게는 "선생님, 안녕하세요?"라고 인사하지만, 친구에게는 "안녕, 잘 지냈니?"라고 인사한다).

의사소통 능력에 대한 이러한 설명에서 잘 이해해야 할 것은, 사회언어 구성능력이 이 전체 개념의 핵심이고, 언어 구성능력과 화용 구성능력을 연결할 수 있게 하는 것이 바로 이 구성능력이라는 점이다. 이러한 이유에서 이 구성능력은 의사소통 능력에 대한 정의에 바탕을 두는 연구가 수행된 이래 매우 중요한 변화를 겪어왔다. 그러면 왜 이러한 새로운 관점이 중요한 것일까? 대답은 간단하다. 누구나 특히 학교라는 제도를 통하여 외국어 수업을 수년 동안 들어왔고, 끊임없이 문법 규칙을 배웠는데도, 정작 그 언어가 말해지는 나라에서 원어민과 의사소통할 순간에 (드디어) 이르러서는 참으로 부족하다는 것을 (개인적으로나 또는 알게 된 지식을 통해서) 경험한다는 데 있다. 이런 상황이 매우 자주 발생하는 이유는, 언어를 배울 때, 언어 능력의 개발에 치중했기 때문이다. 그러한 큰 희생을 치루고 나서야 외국어로 의사소통할 수 있기 위해서는 낱말이나 표현 그리고 이에 대한 의미를 알고, 올바른 문장으로 이러한 표현들을 결합시키며, 언어의 소리의 조합을 지각하고 표현할 수 있다는 것만으로는 충분하지 않다는 것을 알아차리게 되었다. 즉 상황 속에서 외국어를 활용하는 것이 중요하다는 것을 알게 되었다. 판에 박은 듯한 상황들 속에서 예절 규칙을 배우는 학습자, 다시 말해서 자기를 가르쳐주시는 선생님에게 "선생님 안녕하세요?"라는 인사를 잘 말하고, 친구에게는 "안녕! 잘 지냈니?"라고 말하기 잘하는 학습자가 낯선 사람과 다툼을 하는 자리에서 반말을 사용할 수 있을 것인가? 네거리에서 운전의 우선권 규칙을 지키지 않는다고 좀 무례하게 지적해 주는 나이든 운전자에게 "주둥이 닥쳐!" 라는 말로 응수할 수 있을 것인가? 이것은 참으로 극단의 예이긴 하지만, 일상적인 상호작용 속에서 그리고 언어 의사소통 능력을 전개하는데 있어서, 사회언어 능력의 중요성을 나타내는 일예이다. 이러한 새로운 관점은 다음 도표와 같이 요약된다.

<도표 6> 언어 의사소통 능력

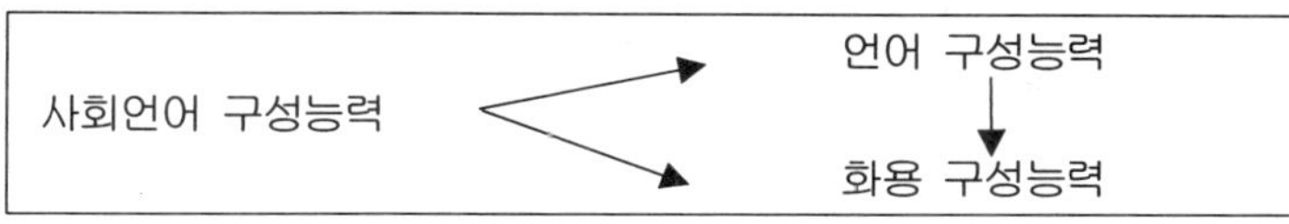

「공통기준」이 외국어 화자의 언어능력이 무엇인지에 대하여 기술한 것을 읽어본다면, '4기능'이란 용어의 사용은 적절하지 않다는 점을 알 수 있다. 우리가 이미 다른 논문(로젠 Rosen, 2005a)에서 이를 지적하였던 것처럼, 이 4기능이란 표현은 때로 (구어와 문어에 대한) 이해 활동과 표현 활동에 대하여 언급하기 위하여서나 또는 외국어로서 프랑스어 수업의 목표를 지적하기 위하여 사용되고 있는데, 이는 원래 영어의 skills(기능)[27]이라는 낱말을 번역하는 어려움에서 나온 것이다. 이 논의는 무엇보다도 순전히 이론적이고 용어론과 관련되는 것 같아 보일 수 있지만, 모든 사람들이 이해하고 공유하는 교실의 어휘를 구축하고자 할 경우, 중요성을 지닌다. 이러한 관점에서 갈리송과 코스트 Galisson et Coste(1976:110;208;507)가 지적하는 것과 같이, 정신적인 활동의 범주에 속하는 것(이해와 표현)과 어법과 사용의 범주에 속하는 것(읽고, 듣고, 쓰고, 말한다는 사실)을 구별하는 것이 합당해

27) 최초의 영어 설명 유형에 따르자면, 영어의 communcative competence(의사소통 능력)은 grammatical competence(문법 능력), (sociolinguistic competence (사회언어 능력), strategic competence(전략 능력)라는 구성능력으로 구분된다. 그리고 이러한 사용자로서 학습자의 의사소통 능력은, 말하기, 듣기, 읽기, 쓰기라는 네 가지 skill(기능 : 영어의 skill이라는 용어는 프랑스어로 aptitudes, 또는 savoir-faire 또는 capacité 또는 habileté 로 번역되고 있다)로 사전에 설정된 기준들에 따라 측정될 수 있다. 이 용어를 프랑스어로 가져다 쓰고자 할 때의 어려움은 사실상 skill을 어떻게 번역하는가에 있는데, 시간이 지니면서 프랑스어로 이 가운데 채택되었던 것이 compétence라는 용어이다. 이리하여 '4기능 quatre compétences'이라는 표현이 남용되고 있지만, 이는 매우 일반화되어 있다.

보인다. 이는 다음과 같은 도해로 종합하여 나타낼 수 있을 것이다.

<도표 7> 어법과 사용에 대한 이해와 표현의 정신 활동

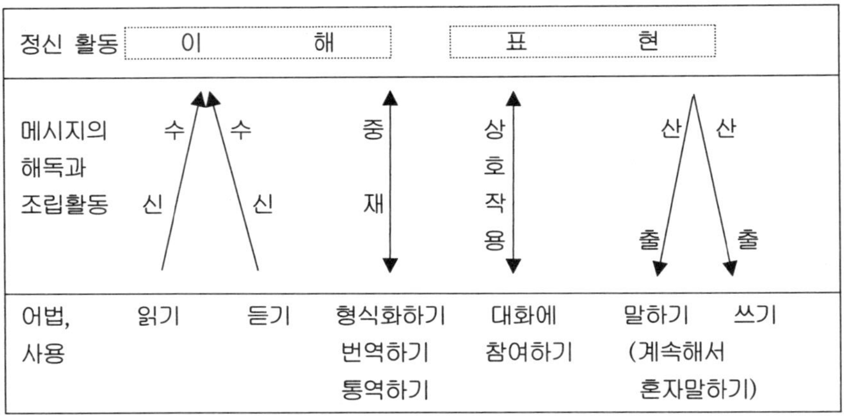

위의 도표는 교실 활동들을 지적하는데 만나게 되는 여러 다른 용어들이 어떤 측면에 자리 잡는지를 파악할 수 있게 한다.

1) '읽기, 듣기, 대화에 참여하기 말하기, 쓰기'(「공통기준」의 제안의 연속성 상에서 여기에 '형식화하기, 번역하기, 통역하기'라는 현상을 추가할 수 있을 것이다)는 의도적인 활동이며, 어법과 사용의 차원에 속한다.

2) '수신'과 '산출'은 각각 메시지의 해독과 조립의 활동이고, '중재'와 '상호작용'은 메시지의 조립과 해독의 두 가지 활동임을 강조한다.

3) '이해'는 이해를 위한 메시지의 해독(파악)에서 비롯되는 정신활동이고, '표현'은 표현을 위한 메시지의 조립(작성)의 시발에 해당하는 정신 활동이다.

「공통기준」은 이와 같이 기능, 정신 활동, 활동과 어법이 무엇과 관련되는지를 제시함으로써[28], 오늘날 혼동되고 있던 것들을 정돈하고 있다.

28) 「공통기준」은 또한 계획, 실행(산출과 수신), 상호작용, 점검과 같은 작업을 수행하는데 필요한 능력들을 중시하는 언어활동의 요소들을 규명하고 있다.

수신 활동, 상호작용 활동, 산출 활동, 중개 활동과 관련된 외국어 학습과 이에 대한 전략

「공통기준」은 네 가지 유형의 활동들과 이에 따른 전략들을 구분하고 있는데, 수신, 상호작용, 산출, 중가가 그것이다. 「공통기준」은 여기에서 특히 중시하는 전략들의 특수한 관점을 통하여 이에 대한 소개를 시작하고 있다.

어떤 활동을 성공적으로 실현하기 위해서는, 특수한 행위의 노선 채택 달리 말해서 전략의 채택이 요구된다. 「공통기준」은 의사소통의 전략을 사전 계획, 실행, 점검 그리고 수정이라는 네 가지의 메타인지 원리의 적용이라 정의한다. 이러한 접근방법이 매우 복잡하게 보일 수도 있겠지만, 다음과 같은 일상생활의 예시를 통해서라도 그러한 전략들을 자신도 모르는 사이에 아주 자주 적용한다는 점을 충분히 알 수 있을 것이다. 한 남편이 자신의 아내에게 자동차를 하루 빌려준다. 불행하게도 그 부인은 주차장에서 나오다가 오른쪽 바퀴 실린더가 약간 우그러지는 손상을 입히게 된다. 이 때 그 부인은 이 사고를 남편에게 어떻게 알릴 것인가? 우선 부인은 남편에게 말할 것을 마음속으로 미리 준비하고 조직한다(사전 준비 단계). 저녁을 먹으면서, 남편에게 그 사고를 알린다(실행 단계). 그리고 자신이 하는 말에 대한 반응을 주의 깊게 살피면서 그리고 이러한 반응이 앞서 하였던 생각과 부합하는지를 살필 것이다(점검 단계). 그런데 그것을 예견했던 것만큼 '잘' 수행하지 못한다. 그러므로 그 부인은 오른쪽 실린더를 교체하는데 드는 비용을 자신이 지불하겠다고 남편에게 제안한 뒤, 세 번째 아기가 태어나면 보다 큰 자동차가 필요하게 될 것이라고 말한다(수정 단계).

외국어로 말할 때, 어떤 전략들은 언어 사용에서 제기되는 문제들을 피하기 위하여 사용된다. 다음의 표(<표 11>)는 활동들에 따라 여러 가지로 전개되는 점검 전략에 초점을 맞추고 있다.

예컨대, 말을 하기 위해서 학습자는 메시지를 미리 준비하고 구성할 수 있어야 하고(인지 능력), 발화를 만들어 낼 수 있어야 하며(언어 능력), 발화를 발음할 수 있어야 한다(발음 능력). 「공통기준」의 73쪽부터 75쪽까지에서 이러한 용어에 대한 자세한 설명을 참조할 수 있다.

<표 11> 점검 전략에 대한 집중 조명

산　　출	(예컨대 메시지가 잘 전달되었는지를 대화자의 입장에서 검증함으로써) 결과를 점검하고 평가하기
수　　신	의미에 대한 가설을 검증하기
상호작용	상호작용의 효과와 성공을 점검하기
중　　개	두 텍스트 간의 통일성과 어법의 통일성을 검증하기

산출 활동 시 설정되는 점검 전략에 대하여 보충적으로 집중하여 살펴보면, 「공통기준」의 척도들과 이에 대한 전략들에 대한 실체를 이해할 수 있을 것이다. (예컨대, 「공통기준」의 54쪽에 나타난, B1의 중급 수준과 C2의 최고급 수준이라는 두 가지 극단의 수준을 예로 들어보자. <표 12>를 참조할 것).

<표12> 산출 활동에서 점검 전략에 대한 집중 조명

B1 수준	사용된 형태의 정확성을 확인할 수 있다. 의사소통의 단절이 있을 경우, 다른 방법을 사용하여 다시 시작할 수 있다.
C2 수준	대화자가 거의 알아 챌 수 없을 정도로 능숙하게 문제가 되는 것을 다시 다루면서, 자신의 의도를 재구성할 수 있다.

(유럽평의회, 2001)

이런 설정기준들이 모든 전략들에서나 모든 수준에 다 사용할 수 있는 것은 아니라는 점이 단지 유감으로 여겨질 수 있을 것이다. 하지만 「공통기준」의 척도들을 활용하여 교실에서 전략들을 어떻게 소개할 것인지에 대한 고찰에 착수할 수 있고, 만나게 될 학습자 청중에 적당한 척도와 학습자를 평가하는 방법이 어떠한 것인지를 명확히 할 수 있다. 이 척도들은 수신과 산출, 상호작용과 중개에 대한 활동들과 분명 불가분의 관계에 있는데, 이에 대하여 이제 다음에서 자세히 살펴보고자 한다.

(문어와 구어의) 수신과 (문어와 구어의) 산출 활동들이 외국어 수업에서 전형적인 활동이라는 점은 바로 강조될 수 있다. 「공통기준」도 (문어와 구어의) 상호작용 활동을 중시하고 있다. 그것이 그 자체로 새로운 유형의 활동은 아니기는 하지만, 제시된 설정기준들을 훑어보면, 구어뿐만 아니라 문어에서도 산출과 상호작용이 흔히 동일시되고 있음을 알 수 있다. 다음은 이러한 활동들을 간략히 기술한 것이다[29](<도표 13>을 참조할 것).

<표 13> 활동에 대한 기술

수신 활동이란 다른 사람이 말하는 것(또는 기호의 언어로 표현하는 것)을 듣거나 다른 사람이 쓴 것을 읽는 활동이다. 산출 활동이란 얼마 동안 중단 없이 (경우에 따라서는 기호를 사용하여) 말을 하거나 글을 쓰는 활동이다. 상호작용 활동이란 대화자들은 구어이든 문어이든 차례차례 돌아가며 주고받는 대화에 참여하는 활동이다. 0 는 분명 하루의 일과 중 언어가 활용되는 아주 흔히 있는 일이다.

제시된 마지막 유형의 활동은 (문어와 구어의) 중개로, 이는 번역이나 통역에만 국한되는 것이 아니다. 중개의 성격에 따라서 (예컨대 외국어가 다른 외국어로 중개되는가 아니면 모국어에서 외국어로 중개되는가에 따라) 동원되는 사용능력은 상이하다(경우에 따라서는 수신이 아니면 산출이 필요할 수 있고 둘 모두가 필요할 수도 있을 것이다). 이런 유형의 활동이 단지 고급 수준에서만 중시되어서는 안 된다. 즉, 초보 수준인 A2에서 자신의 나라에 온 프랑스인 여행자에게 광고물이나 식사 메뉴를 언어표현을 동원하지 않고도 설명할 수 있을 것이다(구어의 중개). 또는 고급의 B2 수준부터는 프랑스어로 쓰인 신문이나 잡지의 기사의 요점을 요약할 수 있을 것이다(문어의 중개). 중개의 활동에서 사용자는 자신의 의사소통 으도나 자신의 생각을 표현하지 않는다. 사용자는 서로 이해하지 못하는 대화자들 사이에서 매개자의 역할을 한다.

<표 14>는 제스처를 말에 포함시키는 것을 잊지 않으면서 이러한 의사소통의 활동들이 어떻게 분포되는지를 구체적으로 분명히 밝히고 있다. 비언어적인 의사소통(제스처, 말을 할 때의 얼굴 표정, 삽화나 글자모형과 같

29) 훈련을 위한 간단한 테스트로서, a) 대화에 참여하기 b) 게시물 작성하기 c) 노래하기 d) 간단한 메모를 사용하여 발표하기 e) 이메일을 작성하기 f) 정보를 교환하기 g) 반복되었던 역할을 수행하기 h) 인터뷰하기 i) 개인적인 편지 쓰기 j) 온라인으로 포럼(토론회)에 참여하기와 같은 것을 어떤 유형의 활동(구어 표현인가 아니면 문어 표현인가, 구어 상호작용인가 아니면 문어 상호작용인가)으로 수행할 것인가? 이에 대한 보다 자세한 답은 제9장에서 다루게 될 것이다.
교실에서의 상호작용의 활동에 더한 제안들은 본서의 3부 제8장에서 더 많이 보게 될 것이다.

은 부차텍스트의 요소들)은 모든 영역에서 중시될 필요가 있다. 나아가 수직으로 이어지는 화살표*는 학습목표에 있어서 있을 수 있는 우선순위를 지적한다. 수신이 표현보다 쉽고, 표현은 상호작용보다 쉬우며, 상호작용 그 자체는 어느 정도의 언어숙달을 전제로 하는 중개보다 쉽다는 점은 흔히 인정되고 있는 사실이다(노르스 North 2002:25)[30].

<표 14> 「공통기준」에서 의사소통 활동[31]

학습목표의 우선순위 ↓

	구어		문어
수신	구어	시청각	서신 읽기 (정보 찾기와 같이) 방향을 설정하기 위하여 읽기 지침 읽기
	라디오 듣기 녹음이나 메시지 듣기	TV나 영화 보기	
산출	자연스럽게 말하기, 경험을 묘사하기, (토론 시) 논증하기, 공고하기, **노래하기, 메모하여 발표하기, 반복 연습한 역할을 수행하기**		**개인적인 문서를 작성하기**, 수필이나 보고서 쓰기, 이야기나 경험보고서 쓰기, **포스터 제작하기**
상호작용	**대화**, 형식적이거나 비형식적인 토론, 기능적인 목적을 지닌 협의, 재산과 서비스 취득, **정보교환**, **인터뷰** 등과 같은 여러 형식으로 의사소통하기, 원어민 화자의 말을 이해하기		**서신(또한 이메일) 교환하기**, 메모나 메시지를 주고받기, **온라인 토론회에 참여하기**
중개	(동시 또는 연차적인) 통역을 실행하기, 형식에 구애 받지 않고(메뉴나 광고물 등을 사용하여) 메시지를 설명하기		(과학 텍스트나 문학 텍스트 등) 여러 다른 텍스트를 번역하기, 텍스트의 핵심을 요약하거나 작성하기

* 역주: <표 14>의 화살표의 표시가 2007년 판에는 있었으나 2010년 판에서는 누락되었다. 역자는 이 오류를 바로 잡아 화살표를 도표에 다시 포함시켰다.

30) 이러한 입장은 논쟁의 대상이 되고 있는데, 특히 중개의 복잡성과 관련하여 그러하다. 이주 아동들이 (학교, 사회보장시설 등과 같이) 수용 국가의 제도권의 교육의 관계자과 학부모 사이에서 보통 중개의 역할을 하고 있는 것이 그러하다.

교육목표에 있어서 있을 수 있는 이러한 우선순위 이면에는 흔히 은폐된 학습의 현실이 감추어져 있다. 즉 이러한 활동들 가운데 어느 하나에 중심을 두어 계획을 세우면 다른 것들을 희생시킬 가능성이 있다는 점이다. 「공통기준」은 '부분 지식'이라 칭하는 것을 공부할 필요성을 제안하고 있는데, 이를 분명히 밝히기 위하여 다음 두 가지 예시를 들고자 한다. 우선 근대문학의 박사학위 과정에 등록한 그리스의 학생의 예이다. 이 학생은 텍스트를 통해 발작 Balzac의 글들을 읽어야 하므로, 이 학생은 오로지 문어의 수신만을 중심에 두는 과정을 마음속으로 계획할 수 있을 것이다. 또 다른 예는 프랑스에서 가정교사로 한 여름을 이미 보내고 나서 이제 프랑스 대학에서 일 년 간 공부하려는 덴마크의 한 여학생의 경우로, 이 학생은 구어 상호작용을 하는 B2의 고급 수준의 강의를, 문어 표현의 경우 A2의 초급 수준의 강의를 수강하고 싶어 할 것이다. 달리 말해서 의사소통 접근방법에서 목표로 설정하였던 최고능력 학습자라는 환상은 외국어의 부분 지식으로 자신감을 갖는 학습자 쪽으로 그 중요성이 옮겨갈 수 있다.

요컨대, 「공통기준」은 다음과 같은 것들에 대한 연관성을 분명히 밝힐 수 있게 한다.

a) (다른 외국어 학습이 진행됨에 따라 변화해 가는) 개인의 일반 능력

b) 학습자가 외국어를 습득하면서 구축하는 언어적인 의사소통 능력

c) 이러한 능력들을 활용하는 수신, 산출, 상호작용, 중개에 대한 활동과 이에 관련된 전략들

d) 여러 가지 활동들에서 실현해야 할 의사소통의 과제들

이상과 같은 기본적인 구분들을 바탕으로, 「공통기준」의 핵심이 되는 척도와 설정기준들을 곧바로 살펴볼 수 있을 것이다.

---

31) 앞서 관련된 문제에 대한 답은 진한 글씨로 제시하였다.

제 3장

「공통기준」의 핵심 : 척도와 설정기준

외국어를 배우는 다양한 학습자들에 대한 교육목표와 수준 그리고 이들의 능력을 어떻게 비교할 수 있을까? 외국어 교수·학습의 담당자들에게 오랫동안 골칫거리가 되어 왔던 이 문제는 『공통기준』 덕분에 그 해결책을 찾아가고 있다. 『공통기준』은 능력의 수준들을 척도의 형식으로 제시하고 있고, 또 이러한 각각의 수준에서 학습자는 여러 다른 활동들 가운데 무엇을 할 수 있어야 할 것인지에 다한 세부적인 설명을 제시해 주고 있다.

A, B, C의 세 수준으로 분류

먼저 A, B, C 세 가지 수준이 어떻게 나누어지는 것인지 부터 살펴보자. A 수준은 초보(기초 수준)의 사용자로서 학습자의 수준이다. 이 수준은 다시 (시작 단계 또는 파악 단계 수준인) A1과 (중간 단계와 생활적응 단계 수준인) A2의 수준으로 나누어진다. A1의 수준은 학습자가 잘 알고 있는 분야에 대하여 간단하게 대화를 주고받을 수 있는 수준이고, A2 수준의 학습자의 경우는 간단한 문제라면 이를 적절히 스스로 해결할 수 있고, 인사하기, 정보 요구하기와 같은 기본적인 기능을 자유롭게 사용할 수 있다. (고급으로 나아가는 중간 수준에 해당하는) B 수준은 자립적인 사용자로서의 수준이다. B 수준은 B1 수준과 B2 수준으로 구별되는데, B1 수준(분기점의 수준)은 토론을 해 나갈 수 있고, 원하는 바를 표현하며, 문제가 있을 경우에도 스스로 해결할 수 있는 수준이고, B2의 수준은 고급 수준으로 어렵지 않게 대화하고, 논증할 수 있으며, 자신의 오류를 스스로 인식할 줄 아는 자립적인 사용자로서의 수준이다. C 수준은 숙련된 사용자로서 학습자의 수준인데, 이 수준은 다시 여러 다른 상황에서 쉽게 상호작용을 할 수 있는 자율적인 사용자로서의 수준인 C1의 수준과, 사용자로서 학습자가 언어·문화에 '숙달되어 있다[32]' 고 여겨지는 숙달된 사용자의 수준인 C2의 수준으로 나누어진다.

이와 같은 세 수준의 분할은 (비록 수준 사이의 경계가 비교적 주관적이긴 하지만) 전형적인 것으로서 다음의 도표로 종합된다(「공통기준」의 23 ~ 38 쪽과 로젠 Rosen(2004b)의 도식을 참조할 것).

<도표 8> 「공통기준」에서 능력 수준의 분류

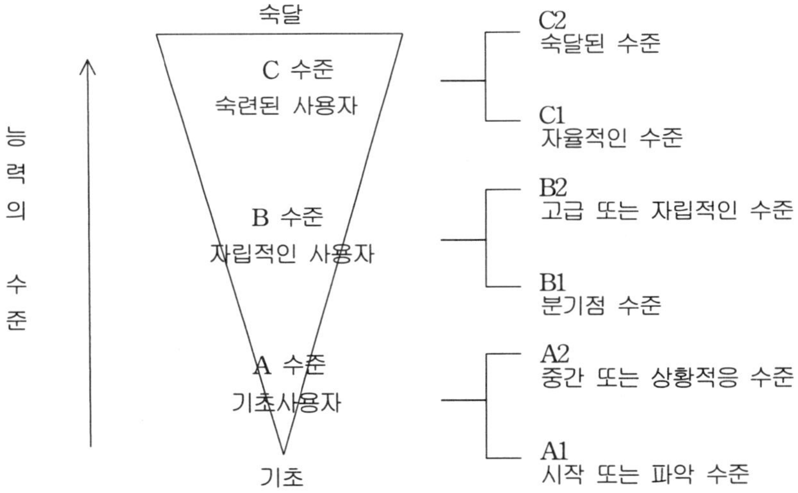

이상에서 제시된 도식에서, 발달의 선적인 측면과 수준들 사이에서 보이고 있는 등거리를 연계하여 살펴볼 필요가 있다. 한 수준에서 다른 수준으로 나아가면 갈수록 이에 비례하여 능력은 확장되어가는 한편, 시간의 투자는 점점 더 증대된다 (이 도식에서 원추형으로 나타내고 있는 것이 그것이다). 달리 말해서 외국어를 배우는 학습 초기단계에는 발전이 빠르게 이루어지지만, 수준이 상당한 중간 단계를 넘어서고 나면 진전은 그 만큼 느려지

32) 숙달이란 말에 ' '를 붙인 것은 C2에서 외국어 숙달이란 개념이 문제가 있다는 것을 지적하려는데 있다.

고, 정체되기도 한다. 외국어에 능통하게 되는 C2 수준에 이르려면 외국에서 수년을 보내야 하고, 많은 문법 연습을 해야 할 것은 당연하다. 이것이 분명 외국어 교육원에서 A1, A2, B1의 수준의 학습자가 대다수가 되고, B2에서는 점점 수가 적어지고, C1과 C2의 수준에 이르러서는 수적으로 더 한층 적어지는 이유 가운데 한 가지일 것이다. 어쨌든 「공통기준」은 외국어교육원의 교육 책임자들이 현지 여건을 중시하는 가지치기 식으로 교육체계를 만들게 된다면, A와 B 수준에서 이 같은 보다 중요한 필요성에 대처할 수 있을 것은 당연하다. 매번 새 학기가 되면, 프랑스어를 배우는 수많은 초보자나 준 초보자를 대상으로 하는 외국어교육원의 경우를 들어보자. 다음 도표가 요약적으로 나타내고 있는 바와 같이, 외국어 교육원은 새로 등록한 이 같은 초보자들의 특수한 경력과 요구에 따라, A1과 A2 수준의 그룹을 마음대로 설정할 수 있을 것이다. 다시 말해서 A1 수준을 목표로 공부하는 학습자는 서로 구별되는 A1.1과 A1.2로 나눌 수 있겠고 (사용되는 외국어 교수법에 따라, 국적의 구성에 따라, 학습자의 연령, 그 밖에도 교육목표에 따라 분반할 수 있을 것이다) 여기서 나아가 A.1.1과 A.1.2를 그룹의 중심에 두고 다시 각각 A1.1.1과 A1.1.2과 A1.2.1. A1.2.2 식으로 서로 구별되는 4개의 그룹으로 편성할 수 있을 것이고 (예컨대, 구어 공부에 치중하는 그룹과 문어 공부에 치중하는 그룹으로 구분될 수 있다), 이런 식으로 얼마든지 구분하여 분반해 갈 수 있을 것이다.

<도표 9> 「공통기준」의 수준들과 가지치기 체계

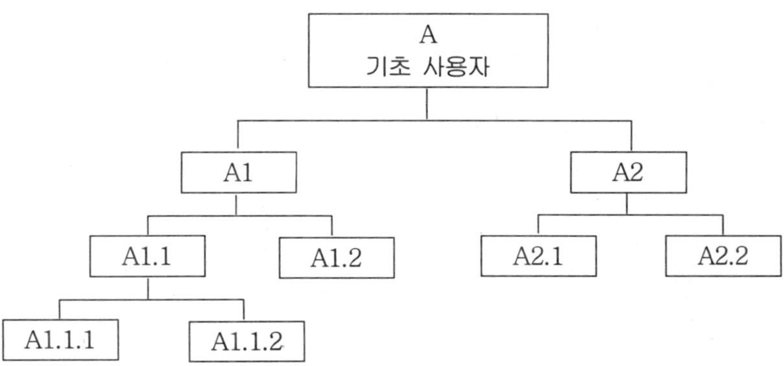

「공통기준」이 새롭게 기여하고 있는 것은, 어떤 수강생이든 그 시작 수준을 이러한 조직도 상에 명확하게 배정할 수 있다는 점이고, 수강생에게 이에 해당하는 설정기준을 따라가게 함으로써 실현해야 할 과정을 분명히 알려 줄 수 있다는 점이다. 어떤 학생에 대해서는 어떤 특정 수준에 도달하기 위하여 얼마나 시간이 필요한지를 알려주는 분명한 장점이 있고, 되풀이 되는 반복을 종료시킨다. 동일한 수준 가운데에서 발달이라는 개념을 실제로 적용할 수 있게 되었다[33].

능력에 대한 설정기준

A1에서 A2, B1, B2 C1, C2로 이어지는 각각의 수준에서는 각각 어떤 활동들을 할 수 있을지를 정의하는 설정기준들이 있다. 능력에 대하여 총체적으로 접근할 때, 각 수준에서 기대되는 구체적인 사용능력이 무엇인지 시작 단계부터 생각할 수 있다(특히 유럽의 언어 포트폴리오에 바탕으로 사용되었던 자기평가 일람표를 보면, "...을 할 수 있다*"라는 형태로 제시되어 있다. 이에 대해서는 본서 5장을 참조하면 될 것이다). 다음 <표 15>의 예시는 대화에 참여하는데 있어서 (「공통기준」 26~28[34]), 처음 수준인 A1과 최종 수준의 C2가 어떻게 다른지를 보여준다.

「공통기준」의 설정기준에 따르면, A1의 수준부터 초보적인 사용자로서 학습자는, 대화자가 협력하여 상호작용의 흐름을 유지하도록 도와준다면, 최소한도로나마 사회적인 행위자로서의 역할을 수행할 수 있다. 이 능력 범위의 대립되는 위치에 있는 C2의 수준에서 사용자로서 학습자는 외국어를 정

33) 이러한 측면은 국가교육에서 진행되는 개혁이 대상으로 하는 제도권 교육의 학생이나(A1의 수준은 초등학교를 마치면 도달해야 할 수준이다), A1.1의 수준을 목표로 하는 이주민 학습자에게도 중요하다.

* 역주: "... 할 수 있다."라는 표현은 학습목표를 제시하는 방법이기도 하다.

34) 다음에서 선택되었던 것은 상호작용의 예시이지만, 일단의 설정기준들이 「공통기준」에서 6개의 수준에 8개의 활동(구어와 문어에 대한, 산출, 수신, 상호작용, 중개)과 언어능력, 화용능력, 사회언어능력의 여러 측면들 다시 말해서 총 약 50단계의 설정기준들(30개의 단계가 넘는 의사소통 활동들과 언어 의사소통 능력의 측면에 대한 13개의 단계들)이 제시되어 있다.
자기평가를 위한 기준의 종합은 다음 55쪽부터 59쪽까지('「공통기준」에 익숙해지기 위한 목적으로서 두 가지 간단한 연습'이란 항목)에서 제시되어 있다.

확하고 적합하며 유창하게 구사하는 어느 정도의 단계에 도달하게 되는데, 이 단계는 분명히 말해서 원어민 화자의 수준은 아니더라도 이에 매우 근접하는 단계이다. 다시 말해서, 외국어 사용자로서 학습자는 목표 언어·문화의 숙달자가 되어, 사회적인 행위자로서 자신의 역할을 온전히 수행하게 된다.

<표 15> A1 단계와 C2 단계에서 대화에 참여하기에 대한 자기평가 일람표

A1 단계	대화자가 되풀이 해주거나 보다 천천히 자신의 말을 다시 표현해주고, 말하고자 하는 것을 표현하는데 도와준다면, 간단히 의사소통을 할 수 있다. 잘 알고 있는 주제에 대해서나 당장 무엇이 필요한지에 대하여 간단히 질문을 하고, 이에 답할 수 있다.
C2 단계	어떠한 대화나 토론에도 어려움 없이 참여할 수 있고, 관용적인 표현들과 흔히 통용되는 어법들에도 유창하다. 자신의 생각을 유창하게 표현할 수 있고, 의미의 섬세한 차이를 명확하게 표현할 수 있다. 어려움이 있을 경우, 사람들이 알아차릴 수 없을 정도로 했던 말로 되돌아가 능란하게 이를 교정할 수 있다.

유럽평의회 2001

이 문제를 보다 더 자세히 살펴보자면, 앞서 열거된 각각의 의사소통 활동들은 정교한 기술의 대상이 되고 있음(<도표 16>을 참고할 것)을 알 수 있다. 구어 상호작용(이 경우 대화와 인터뷰 진행에 관한 활동)에 대한 A1과 C2의 설정기준들을 대조해 볼 때, 「공통기준」이 어떤 지침들을 제공하는지 정확히 이해할 수 있을 것이다(다음 쪽을 참조할 것).

이와 같이 학습자들이 각각의 수준에서 할 수 있는 것이 무엇인지에 대한 많은 지침들이 제시되어 있다. (대화나 토론에 참여하여) 말을 하는 상황이나 주제들 그리고 대상에 대하여 명확하게 제시되어 있는 한편, 다른 한편에서는 (누군가에게 그의 소식을 묻기, 자신의 담화를 구성하기 등과 같은) 기대되는 언어수행 능력도 경확히 제시되어 있다. 이런 식의 기술 방법은 어디에서나 동일하다. 할 수 있는 것이 무엇인지를 '긍정적'으로 기술하는 이러한 방법은 최초의 수준부터 제시된다[35].

<표 16> A1 수준과 C2 수준에서 구어 상호작용에 대한 설정기준

	A1 수준	C2 수준
대화	사용자로서 학습자는 누군가를 소개할 수 있고, 만날 때나 헤어질 때 사용하는 기초적인 표현들을 사용할 수 있다. 누군가에게 소식을 묻고 이에 답할 수 있다. 사용자로서 학습자는 일상적인 표현이 이해심이 있는 화자를 통해 직접적으로, 명확하게, 그리고 천천히 되풀이 되거나 표명된다면, 이를 이해하여 구체적인 유형의 단순한 요구를 충족시킬 수 있다.	사용자로서 학습자는 그 어떤 언어적인 제한으로도 수행되는 개인적이고 사회적인 생활의 행위를 방해받지 않고, 편안하고 적절하게 대화를 할 수 있다.
인터뷰하기와 인터뷰 받기	사용자로서 학습자는 인터뷰에서 직설적인 표현이나 관용적이지 않은 언어로 매우 천천히 그리고 명확히 묻는다면 개인적인 질문에 대답할 수 있다.	사용자로서 학습자는 인터뷰를 하든 인터뷰를 받든 원어민 화자처럼 담론을 구성하고, 수월하고 대단히 유창하게 대화를 함으로써, 매우 잘 대화에 참여할 수 있다.

유럽평의회 2001

35) 그렇지 않은 경우를 찾고자 한다면, 그 기술이 긍정으로 표현하지 않은 설정기준들("기초적인 오류를 체계적으로 범한다"는 표현이 「공통기준」의 28쪽과 90쪽에서 두 번 나온다)과 ('형식적인 토론과 모임'과 관련되는 기술 속에서) 원어민 화자와 언어수행 능력을 대조하는 곳에서 발견할 수 있기는 하다. 그러나 이에 대한 경계가 「공통기준」에는 분명히 표명되어 있다. 이에 대한 34쪽의 지적을 보면 다음과 같다. "C2의 수준에 '숙달'이라는 표제가 붙어있기는 하지만, 원어민 또는 준 원어민 화자의 능력과 필적하려는 의도를 지니고 있지 않다. 목적은 높은 수준의 학습자였던 사람들의 담화에서 발견되는 외국어의 명확성, 적절성, 유창성의 정도를 특징적으로 설명하는데 있다." 리바 Riba(2006)가 지적하고 있고, 또 본서의 초판본에서 우리가 명백히 밝혔던 바와 같이, 이러한 사용자로서 학습자는 '명석하고', 여러 다른 분야, 특히 개인적이고 대학 수학과 같은 분야에서 뛰어나며, 개인의 일반 능력은 물론 이에 못지않게 언어 의사소통 능력도 활용할 수 있게 된다. 좀 긍정적으로 기술하지 않는 설명에서 「공통기준」의 결점과 잠재된 위험을 볼 수 있을 것인데, 의사소통 능력과 '지적'이고 개인적인 능력을 혼동하고 있는 것이 그것이다. 이에 대한 논쟁은 여전히 진행 중에 있다.

이러한 제시는 참으로 유용해서 매우 대단해 보인다. 이러한 일단의 정보들에 대하여 우리가 대처할 수 있는 방법은 무엇일까? 다음에 제시된 연습들을 통하여 우리는 자연스럽게 「공통기준」에 익숙해질 수 있을 것이다.

「공통기준」에 익숙해지기 위한 두 가지 간단한 연습

첫 번째 연습 : 「공통기준」의 (자기평가의) 일람표를 이용하여, 여러 외국어에 대한 자신의 수준을 평가하기

(다음 쪽에 제시된) 「공통기준」의 자기평가 일람표는 수준과 활동에 따라 능력들을 어떻게 구분하는지를 전체적인 개념으로 한 눈에 파악하게 한다. 먼저 이 기준들을 주의 깊게 읽어본 후, 다음과 같은 연습을 한다. 우선 자신의 모국어(들)를 기록하고 나서 그 다음으로는 알고 있는 외국어를 기록하는 연습이다.

모국어(들) : ....

외국어(들) : ....

이러한 언어에 대하여 자기평가 일람표의 지침의 도움을 받아서 듣기, 읽기, 대화에 참여하여 말하기, 연속하여 말하기, 그리고 쓰기에 대한 자신의 외국어 능력 수준을 표시한다. 이렇게 하기 위하여 다음 예시에서 보는 것처럼 습득한 능력의 수준에 해당하는 칸을 빗금으로 채워 넣으면 된다. 다음 도표의 예의 화자는 구어와 문어의 이하의 활동에 있어서는 C1의 수준에 있고, 구어의 상호작용과 구어 표현에 있어서는 B1의 수준에 있으며, 구어의 표현은 A2의 수준에 있다는 것을 보여준다. 문어의 표현에 있어서는 B1의 습득 과정 중에 있다는 것을 알 수 있다(칸의 절반만 빗금으로 채워져 있기 때문이다).

<표 17> **외국어 드로필에 대한 예시 외국어 : 영어**

	A1	A2	B1	B2	C1	C2
듣기						
읽기						
대화에 참여하여 말하기						
연속하여 말하기						
쓰기						

		A1	A2	B1
이해하기	듣기	상대방이 천천히 그리고 분명하게 말을 한다면, 자기 자신, 가족, 구체적이고 직접적인 환경에 대한 친숙한 낱말이나 매우 일상적인 표현을 이해할 수 있다.	(본인 자신, 자신의 가족, 쇼핑, 주변 환경, 일과 같이) 자신과 밀접하게 관련되는 것에 대한, 매우 자주 쓰이는 어휘와 표현을 이해할 수 있다. 간단하고 명확한 안내방송이나 메시지에 대한 핵심 내용을 파악할 수 있다.	일, 학교, 여가 등과 관련된 잘 알고 있는 주제에 대하여 명확한 표준 언어를 사용할 경우, 그 핵심 요점을 이해할 수 있다. 시사성 있는 사건이나, 개인적으로 또는 직업적으로 관심 있는 주제에 대하여, 비교적 천천히 그리고 명확하게 말할 경우, 라디오 또는 TV의 많은 방송의 요점을 이해할 수 있다.
	읽기	광고지나 게시물, 카탈로그와 같은 것에 나오는 매우 잘 알려진 명사나 낱말과 매우 간단한 문장들을 이해할 수 있다.	매우 간단한 짧은 텍스트를 읽을 수 있다. 작은 광고, 전단, 메뉴, 시간표와 같은 일상적인 자료에서 특별히 필요로 하는 정보를 찾아낼 수 있고, 짧고 간단한 개인적인 서신을 이해할 수 있다.	주로 일상어나 자신의 업무와 관련된 언어로 작성된 텍스트를 이해할 수 있다. 사건에 대하여 기술한 것이나, 개인 서신에 쓰인 감정과 소원의 표현들을 이해할 수 있다.
말하기	대화에 참여하기	대화자가 반복해서 말해주거나 보다 천천히 자신의 말을 다시 표현해주고, 말하고자 하는 표현을 도와준다면, 간단히 의사소통을 할 수 있다. 잘 알고 있는 주제에 대해서나 당장 무엇이 필요한지에 대하여 간단히 질문을 하고, 이에 답할 수 있다.	잘 알고 있는 주제나 활동에 대하여 간단하고 직접적인 정보의 교환만을 요구하는 간단하고 일상적인 과제에 대해서 의사소통을 할 수 있다. 일반적으로 대화를 쫓아가기에 다소 이해가 부족하더라도, 매우 간단한 대화를 할 수 있다.	외국어가 말해지는 지역을 여행하는 도중 만날 수 있는 대부분의 상황에 대처할 수 있다. 익숙해 있는 주제나 개인적으로 관심이 있는 주제 또는 (가정이나 여가, 업무, 여행, 시사성 있는 사건과 같이) 일상생활과 관련되는 주제에 대하여 준비 없이 대화에 참여할 수 있다.
	연속으로 말하기	간단한 표현과 문장들을 사용하여 주거 장소와 알고 있는 사람에 대하여 묘사할 수 있다.	일련의 문장이나 표현들을 활용하여 자신의 가정, 다른 사람들, 자신의 생활여건, 자신의 교육, 현재 또는 최근의 직업 활동 등을 간단하게 기술할 수 있다.	표현들을 간단하게 연결하여, 경험, 사건, 자신의 소망과 희망 또는 자신의 목표 등을 이야기할 수 있다. 자신의 의견이나 계획에 대한 근거와 설명을 간략히 표명할 수 있다. 책 또는 영화의 전개나 줄거리를 이야기하고 이에 대한 소감을 말할 수 있다.
쓰기	쓰기	휴가 때의 우편엽서와 같이 간단한 엽서를 쓸 수 있다. 어떤 서류양식에 세부 인적 사항을 적어 넣을 수 있다. 예컨대 호텔의 숙박부에 이름, 국적, 주소 등을 기입할 수 있다.	간단하고 단순한 노트나 메시지를 쓸 수 있다. 예컨대 감사를 전하는 개인적인 편지를 매우 간단히 쓸 수 있다.	잘 알고 있는 주제나 개인적으로 관심 있는 주제에 대하여 간단하고 일관성 있는 텍스트를 쓸 수 있다. 사적인 편지를 써서 경험이나 감상을 기술할 수 있다.

		B2	C1	C2
이해하기	듣기	주제에 대하여 비교적 잘 알고 있을 경우, 비교적 긴 강연이나 담화를 이해할 수 있고, 복잡한 논증이라도 따라갈 수 있다. 시사성 있는 문제와 뉴스에 대한 대부분의 TV 방송을 이해할 수 있다. 표준어를 사용한 대부분의 영화를 이해할 수 있다.	담화가 분명하게 조직되어 있지 않고, 그 연결 관계가 단지 묵시적이라 하더라도 긴 담화를 이해할 수 있다. 큰 어려움 없이 TV 방송과 영화를 이해할 수 있다.	직접적으로 이루어지는 여건이든 방송매체의 경우이든지 간에, 특별한 어조에 익숙하기 위한 시간이 주어지기만 한다면, 빨리 말을 한다하더라도, 구어를 이해하는데 전혀 어려움이 없다.
	읽기	오늘날의 문제들에 대하여 작자의 특별한 입장이나 관점이 실린 기사나 보고서를 읽을 수 있다. 산문으로 쓰인 현대 문학 텍스트를 읽을 수 있다.	사실에 바탕을 둔 텍스트이든 문학 텍스트이든 길고 복잡한 텍스트를 이해할 수 있고, 그 문체의 차이를 파악할 수 있다. 자신과 직접적인 관련이 없는 분야라 하더라도 전문적인 기사나 긴 기술 지침들을 이해할 수 있다.	내용이나 형식이 아무리 추상적이거나 복잡하다 하더라도, 교재, 전문 기사 또는 문학 작품과 같은 모든 유형의 텍스트를 어려움 없이 읽을 수 있다.
말하기	대화에 참여하기	원어민과 정상적인 상호작용이 이루어질 수 있도록 어느 정도 자연스럽고 유창하게 의사소통을 할 수 있다. 익숙한 상황에서 능동적으로 대화에 참여할 수 있고, 견해를 제시하고 주장할 수 있다.	표현해야 할 낱말들을 뚜렷이 찾아야 할 필요가 없이 자연스럽고 유창하게 표현할 수 있다. 사회적이거나 직업적인 관계에 있어서 유연하고 효율적으로 언어를 활용할 수 있다. 자신의 생각이나 견해를 명확히 표현할 수 있고, 상대방의 발언과 자신의 발언을 연계시킬 수 있다.	어떠한 대화나 토론에도 어려움 없이 참여할 수 있고, 관용적인 표현들과 흔히 통용되는 어법들에도 유창하다. 자신의 생각을 유창하게 표현할 수 있고, 의미의 섬세한 차이를 명확하게 표현할 수 있다. 어려움이 있을 경우, 사람들이 알아차릴 수 없을 정도로 했던 말로 되돌아가 능란하게 이를 교정할 수 있다.
	연속하여 말하기	주요 관심사와 관련되는 많은 일련의 주제들에 대하여 명확하고 자세하게 자신의 생각을 표현할 수 있다. 시사성이 있는 주제에 대하여 관점을 상세히 설명할 수 있고, 다른 가능성에 대한 장, 단점을 설명할 수 있다.	복잡한 주제들을 설명하는데 있어서, 이에 관련된 주제들을 덧붙이고, 어떤 요점들을 자세히 설명하며, 자신의 발언을 적절히 종결시킴으로써, 이를 명확하고도 상세하게 설명할 수 있다.	상황에 맞는 화체로 명확하고 유창하게 설명을 하거나 논증할 수 있고, 논리적으로 이론적인 설명을 구성할 수 있고 상대방에게 중요 요점을 주목하고 기억할 수 있도록 도울 수 있다.
쓰기	쓰기	관심사와 관련한 많은 일련의 주제에 대하여 명확하고 상세하게 글을 쓸 수 있다. 정보들을 제공하거나, 정해진 견해에 대하여 찬반의 이유를 설명하면서 시론이나 보고서를 쓸 수 있다. 개인적으로 사건이나 경험에 부여하고자 하는 의미를 강조하는 편지를 쓸 수 있다.	명확하고 잘 구성된 글로 자신의 생각을 표명할 수 있고, 자신의 관점을 상세히 설명할 수 있다. 복잡한 주제에 대하여 중요하다고 판단되는 요점을 강조하면서, 문서나 시론 또는 보고서로 글을 쓸 수 있다. 상대방에 따라 적절한 문체를 쓸 수 있다.	명확하고 유려하며, 상황에 맞는 문체로 글을 쓸 수 있다. 독자가 중요 요점을 파악하고 기억할 수 있도록 명확한 구성을 지닌 문서나 보고서 또는 복잡한 기사를 작성할 수 있다. 전문 서적이나 문학 작품에 대하여 글로 요약 하고 비평할 수 있다.

이제 자신이 쓰고 있는 외국어에 대하여 외국어 프로필(능력 상황표)을 만들어 볼 수 있을 것이다.

<표 18> **나의 외국어 프로필**

외국어 :	A1	A2	B1	B2	C1	C2
듣기						
읽기						
대화에 참여하여 말하기						
연속하여 말하기						
쓰기						

두 번째 연습 : 외국어 능력 수준에 익숙하기 위한 퍼즐 맞추기

앞서 제시한 연습에서 사용하였던, 56~57 쪽의 자기평가 일람표를 우선 복사를 한 뒤, 각 항목들을 잘라 낸다. 그렇게 하고 나서 이를 섞는다. 그러고 나서 이를 다시 각 수준별로 원래의 형태대로 분류해 내는 연습이다. 보다 빠르게 이를 복원하기 위해서는, 처음부터 같은 기능에 해당하는 항목들에 어떤 기호로 표시할 수 있을 것이다(예컨대, '쓰기' 항목에 해당하는 것들에 대해서 @와 같은 특정한 기호를 미리 써 놓는 방법이다).

우리는 본 장의 결론을 마무리하면서, 『공통기준』이 의욕적이고 진취적인 목적을 지닌다는 점을 지적하고자 한다. 『공통기준』이 (교수자, 평가 전문가, 수업용 교재의 제작자와 같은) 언어교육의 전문가와 학생, 그리고 (학부형, 고용주와 같은) 외국어 교수 · 학습의 기타 간접적인 다른 관련자들이 공유할 수 있는 명백하고도 통일된 참조 기준으로 사용하게 한다는 목적을 지니기 때문이다. 이와 같이 바람직한 목적을 수행할 수 있는 방안을 제공하는 것은 언어 능력이라는 개념을 중심으로 단계별 능력 수준들을, 자세하고도 신뢰할 수 있는 설정기준과 함께 명확히 밝히고 있다는 점에 있다. 행동관점에 입각하여 세분화되어 있으면서도 개방적인 이와 같은 제안 덕분에, 우리는 사실상 여러 다른 외국어 학습자들에 대한 교육목표와 수준들 그리고 능력들을 비교할 수 있게 되었다.

「공통기준」은, 모로우 Morrow(2004)가 제시한 비유를 인용하자면, 정밀 지도라 간주할 수 있을 것이다. 외국어 학습에 뛰어든 사람은 누구나 어떤 식으로든 대단한 여행길에 들어선 사람이다. 「공통기준」은 어떤 길로 가야 하는지에 대하여 학습자에게 알려주지는 않지만, 학습자들 각자가 여행을 계획하는데 필요한 모든 세부 사항들을 제공해준다 (적어도 각 학습자가 선택한 길이 최선의 길인지 아닌지를 알 수 있게 한다). 이 지도가 너무나 자세하지는 않은지 하는 의문이 제기될 수 있을 것이다. 분명히 말해서 그러할 것이다. 이 지도가 때로는 시골의 어떤 작은 길로 안내할 수는 있을 것이다. 그러나 이 지도는 적어도 완전히 길을 잃고 헤매게 하지는 않을 것이다.

이제 우리는 「공통기준」이라는 지도를 소유하게 되었으므로, 이제 외국어 교수·학습에 대한 적극적인 입장은 어떠한지를 살펴보는 「공통기준」에 대한 두 번째의 검토로 보다 더 진전할 수 있게 되었다.

제 4장

다언어 사용을 적극적으로 옹호하는 「공통기준」

「공통기준」은 독단적 원리를 주장하지 내세우지 않으며, 외국어 교육학에서 핵심적인 주제가 되는 것에 초점을 흥미롭게 맞추고 있다(예컨대, 학습자의 오류에 대한 취급, 평가, 텍스트의 역할 등과 같은 주제들을 다루고 있다). 게다가 「공통기준」은 박스로 처리되는 항목을 통하여, 독자들을 처해진 고유한 상황에서 스스로 고찰해 보도록 이끌고 있다. 예컨대, '잘못과 오류'를 다루는 부분에서 다음과 같은 박스 항목(「공통기준」의 6.5., 118~119쪽)을 볼 수 있다.

<표 19> **잘못과 오류를 살펴보기**

「공통기준」의 사용자는 경우에 따라 학습자의 잘못과 오류에 대하여 자신이 어떠한 자세를 취하고 또 이를 어떻게 조치할 것인지 그리고 a) 음성, b) 정서법, c) 어휘, d) 형태, e) 통사, f) 사회언어와 사회문화, g) 화용법과 관련된 잘못과 오류들에 대하여 동일한 기준을 적용할 것인지, 아니면 다른 기준을 적용할 것인지를 검토해보고 이를 명백히 밝혀야 할 것이다.

「공통기준」이 직접적인 해법을 제공해주지는 않지만, (오류를 학습의 실패 또는 교수의 비능률로 볼 것인지 아니면 그 반대로 학습자의 중간언어 발달의 잠정적인 산물로 볼 것인지와 같이) 오류에 어떤 태도를 취할 것인지, (교수자가 즉각적으로 교정할 것인지, 분석을 겸하여 교정할 것인지, 교정하지 않을 것인지 달리 말해서 관용할 것인지와 같이) 오류에 어떤 조치를 취할 것인지, 그리고 (교수 계획, 교재의 제작, 평가 등에서) 오류를 어떻게 활용할 것인지를 객관적으로 제시하고 있다. 요컨대, 「공통기준」은 핵

심적인 주제에 대한 오늘날의 연구들을 종합적으로 제시하고 있고, 개인적인 성찰을 유도하여 경우에 따라서는 「공통기준」를 넘어서서 보다 앞으로 나아가도록 이끌고 있다[36].

이런 것 말고도 「공통기준」은 분명하게 옹호하고 있는 어떤 입장들이 있다. 「공통기준」 전체 구조의 토대가 되는 바탕이 있는데, 그것은 곧 다언어사용의 옹호이다. 유럽에서 다언어사용을 도모한다는 것은 사실 유럽평의회의 당면 과제 가운데 하나인데, 이는 유럽평의회 외국어 분과 위원인 빵띠에 Panthier(2002:11)가 "개개인은 다언어의 능력과 다문화 능력 덕분에 여러 다른 문화 사이에서 중재의 역할을 할 수 있다. 개개인은 언어와 문화의 중재자가 되며, 이로써 유럽 시민으로서 자신의 역할을 충분히 할 수 있다. 다언어 사용이 유럽평의회의 중요한 목표가 되는 것은 이러한 이유에서이다.[37]" 라고 지적하고 있는 바와 같다. 유럽에서 다언어 사용을 촉진한다는 이 당면 과제의 실현은 다음에서 (<도표 20>을 참조할 것) 종합적으로 제시된 것과 같은 여러 보완적인 야심찬 활동으로 이행되고 있다.

<표 20> **유럽에서 다언어사용의 촉진 방법**[38]

다언어사용을 폭넓게 촉진하기 위한 권장 방법들	
1	모든 유럽인들이 여러 언어로 어느 정도 수준의 의사소통 능력에 도달하게 하기
2	교육계획은 모듈 식 교육계획과 부분 능력의 이용을 목표로 하는 교육계획을 포함하는 유연한 접근방법을 활용하게 하기. 그리고 자격인증의

36) 오류에 관한 주제는 언어과학과 언어 교육학, 교육과학이 교차하는 매우 풍부한 주제이다. 이에 대한 최근의 종합으로는 마르낄로 라뤼 Marquillo-Larruy(2003), 로젠 Rosen(2005b), 뽀르끼에와 로젠 Porquier & Rosen(2003)을 참조할 수 있을 것이다.

37) 빵띠에 Penthier (상게서) 이후, 하나 이상의 언어를 하는 개인의 현상을 지적하는 개인의 다언어사용(plurilinguisme) 이란 용어와 여러 언어가 사용되는 사회의 현상을 지적하는 사회의 다언어사용(multilinguisme)이라는 용어를 구별하게 되었다.

	국가 체계와 특히 공식적인 시험에서 이러한 접근방법을 중시하기
3	언어가 아닌 교과 (예를 들자면, 역사, 지리, 수학과 같은 교과)를 가르치는데 외국어의 활용을 권장하고, 이러한 교육을 지원하는 환경을 조성하기
4	유럽의 모든 언어와 지역 언어에 관련되는 교육적인 사용 재료들을 보급하기 위하여, 의사소통과 정보에 관련된 기술을 활용하게 하기
5	개개인이 다른 언어와 문화에 대하여 실재의 경험을 할 수 있는 기회를 제공하기 위하여, 다른 회원 국가들 간의 제도적이고 인적인 관계와 교류를 발전시키기
6	적절한 수단들을 자유롭게 선택하여, 일생동안 여러 언어들을 배우게 하기

이러한 권고지침이 「공통기준」을 제작하게 되는 기초가 되며, 「공통기준」 속에서는 여러 외국어로 도달해야 할 부분 지식이란 개념과 일생동안 제도적으로 추구되고 중시되는 언어 학습의 혼합 과정이란 개념을 발견할 수 있다. 「공통기준」의 8장은 이러한 다언어사용이란 개념을 집중적으로 다루고 있고, (언어학습이란 경우에 따라서 한 언어에 이어 다른 언어를 또는 다른 언어와 동시에 배우는 과정이라는 생각을 차치하고서라도) 개개인이 가져올 수 있는 이러한 복합 능력을 어떻게 개발할 것인지를 보여 주려는데 주력하고 있다. 「공통기준」의 8장 내용은 외국어 커리큘럼 및 교육계획[39]을 만들고자 할 때, 매우 중요하다. 여기에서 사실 어떤 외국어 학습을 다른 외국어 교수와 동시에 그리고 여러 교수들 간의 가교 설정(여기

38) 이것은 장관급 위원회가 1998년 3월 17일자로 채택한 외국어 관련 각국의 장관들의 위원회의의 권고지침 n°R(98) 6의 부록에 따른 것이다.

39) 『외국어와 제2언어로서 프랑스어 교육학 사전 *Dictionnaire de didactique du français langue étrangère et seconde*』(64-65, 203-204)의 정의에 따르면, 커리큘럼(curriculum)이란 교육의 최종 목적을 정의하고, 학습자의 요구를 설정하며, 교육목표와 내용, 방법, 교수 수단들과 평가의 형태를 규정하는데 있는 반면, 교육계획(programme)은 교육의 학업과정 도중 해야 할 것에 대한 요약 목록이라 규정하고 있는데, 이는 교육의 일반적인 계획인 커리큘럼과 관련된 결정들의 결과인 동시에 보다 간단히 말해서 교육적인 보조 장치이다.

에는 예컨대 어떤 외국어 교육에서 사용되는 학습전략을 다른 외국어 교육에 가져올 수 있는 교수가 포함된다)과 더불어 살펴보아야 할 체계를 구안하는 일이 문제가 될 것이다. 여기에서 나아가 다언어사용을 개발하기 위하여 수많은 교실에 현존하는 언어의 다양성을 어떻게 토대로 삼을 것인지(그리고 이를 어떻게 풍부하게 활용할 것인지)를 생각해야 할 것이다. 그러나 우리가 커리큘럼이나 교육계획을 『공통기준』에 고정시키기 위하여 이를 변경시키는 복잡한 임무를 담당하고자 할 때, 어디서부터 시작해야 하는 것일까? 스토크 Stocks(2002:185)는 커리큘럼을 구성하는 현재의 여건들을 『공통기준』의 관점에서 재검토하고, 다음과 같은 질문에 대한 답을 함으로써, 모색의 실마리를 찾아야 한다고 타당하게 제안하고 있다.

<도표 21> 커리큘럼이나 교육계획을 개선하기 위한 모색의 출발점

- 커리큘럼이나 교육계획 속에 언어 사용 상황의 개입을 중시하고 있는가?
- 『공통기준』이 제시하는 정교한 구분들을 적절히 활용하고 있는가? 예컨대 구어 상호작용과 구어 표현을 적절히 구분하고 있고, 중재를 적절히 포함시키고 있는가?
- 참조 수준들 속에서 언급되고 있는 바와 같은 주제들(본서의 제6장을 참조할 것)이 교육계획 속에 적절히 작성되어 있는가?
- 텍스트의 유형들이 언급되어 있는가?
- 과제들이 명시되어 있는가?
- 전략들의 역할이 무엇인지를 밝히고 있고, 그리고 이를 분명히 설명하고 있는가?

이제 교수·학습의 상황에 따라 적절한 '커리큘럼의 설계'를 선택하는 일은 우리들 각자에게 맡겨진다.[40].

이러한 관점에서 『공통기준』은 다언어 교육의 실현 가능을 꾀하는 진

40) 수많은 출판물들이 오늘날 사용되고 있는데, 이는 「공통기준」에 고정된 그러한 커리큘럼이나 교육계획을 설정하고 있는 동료들의 과정들을 기술하고 있다. 그 가운데 왈 Wall(2004)의 교육계획은 특히 「공통기준」의 설정기준과 기준에 대한 적극적인 형식을 출발점으로 삼았고, 이에 대한 어려움과 그 장점들을 명확히 밝히고 있다.

정한 교육정책의 도구로 제시되고 있다. 『공통기준』을 (유럽에서 다언어 사용을 도모하기, 유럽에 공통 언어정책의 설정을 용이하게 하기와 같은) 구체적이고 명시적인 목적을 지닌 교육의 정책 자료로 보게 되면서부터, 『공통기준』의 출판 시기가 우연히 이루어진 것이 아니고, 세밀한 협력의 대상이었다는 것을 분명 보다 잘 이해하게 된다. 유럽의 외국어 해였던 2001년에 출간되었던 것인데, 그 해는 유럽연합의 협력 하에 유럽평의회가 주도되었던 해였다.

그러나 이와 같은 야심찬 의도는 성사되지 못하고 있다. 유럽의 여론조사기관인 유럽바로미터(Eurobaromtère)가 유럽연합 25개국을 대상으로 2005년 12월에 실시한 조사에 따르면, 유럽인들은 일상생활에서 이 같은 다언어 사용이란 생각에 대하여 다음과 같이 분명한 입장을 드러내 보이지 못하고 있다.

- 유럽인의 44%는 어떤 외국어도 말하지 못한다고 표명하고 있다.
- 설문의 응답자 50%가 모든 사람들이 두 개의 외국어를 말할 수 있어야 한다고 보고 있다(이것은 나라에 따라 다른데, 27%에서 75%까지 다양하다).
- 보충적으로 하나의 언어를 더 배우기를 원하는 사람들 가운데 32%가 언어 능력이 업무수행에 유용할 것이라고 생각하고 있다.

이러한 결과의 저변에는 분명히 말해서 영어의 문제가 자리 잡고 있는데, 즉 영어를 링구아 프랑카[41]*로 이해하고 있고, 영어는 다른 언어의 학습을 가로막고 있다.

영어가 링구아 프랑카인가?

베아꼬 Beacco와 비람 Byram(2003:111)은 영어가 지배적인 위치에 있다는 점을 인정하지 않으려 한다든지, 시대적인 흐름과 맞지 않는 다언어 사용을 주장하기보다는, 사회적인 요구 속에서 영어의 지배적인 위치에 관한 문제에 정면으로 접근하라고 권한다. 이 학자들은 다언어사용이라는 주제와 관련하여 가능한 여러 가지 방법들을 지적하고 있는데, 영어 교수자들의 협력과 나아가 책임이 그 방법의 핵심에 있다는 것이다. 그 이유는 이들이야말로 이러한 요구에 영향을 줄 수 있고 다언어 사용의 기능과 가치를 인식

---

* 역주 : 다른 언어를 쓰는 사람들 사이에 의사전달 수단으로 쓰이는 공통언어

하는데 도울 수 있는 중요한 자리를 차지하고 있기 때문이라는 것이다. 실제로 중등교육에서 차후의 교육 및 특수한 과정에서 중요한 교육목표들을 접어두고서라도, 영어 학습에서 도달해야 할 교육목표를 (회화는 A2 수준으로 하고, 텍스트의 이해는 B1 수준으로) 확고히 정해 놓음으로써, 영어 학습을 일찌감치 의무적인 학교 교육으로 도입할 수 있을 것이다. 이런 식으로 의무 교육과정 가운데 다양한 외국어를 가르치고 배울 수 있는 여지를 만들어낼 수 있을 것이다. 또 다른 가능한 방법은 영어를 (수학이나 지리처럼) 언어가 아닌 교과를 가르치는 언어로 활용함으로써 교육의 형태를 다양화시키는 것이다[41]. 마지막으로 문화상호 교육을 소홀히 해서는 안 될 것인데, 왜냐하면 문화상호 교육은 학습자들이 자신의 언어공동체와 영어권의 공동체 간의 관계를 명백히 할 수 있게 하며, 영어를 사실상 링구아 프랑카로 다룰 것인가 아니면 명성 있고 모델화된 국가들의 언어로 다룰 것인가 하는 종종 모순되는 측면에 대하여 영어권 언어공동체에 대한 자신의 입장을 면밀히 살펴볼 수 있게 하기 때문이다.

영어 교수·학습에 관한 문제에 있어 이 두 학자의 결론은 명확하다. 그 핵심은 각자 학습한 언어들의 다양한 목록을 개발하도록 해야 한다는 것이며, 다른 언어들을 희생시켜 강요하는 하나의 언어의 습득으로 말미암아 언어 목록이 고정되어서는 안 된다는 것이다. 언어 목록의 개념은 사회언어학에서 가져온 것으로, 다언어 사용을 개발하는데 핵심이 된다. 따라서 이 개념은 당연히 분명히 규명되어야 할 필요가 있다.

다언어 사용 또는 다언어와 다문화 목록을 개발하는 기술

여기에서 말하는 '목록'이란 "많이 숙달되어 있든 한참 덜 숙달되어 있든 또는 개발되어 있든지 간에 특정한 사회적인 행위자가 소유하고 있고, 상황에 따라 언어의 다양성의 어떤 측면들을 활용하면서 수행할 수 있는 일단의 언어 다양성[42](코스트 Coste 2002:117)"을 의미한다.

---

41) 베아꼬와 비람 Beacco & Byram은 영어과목이 암암리에 초법화 되는 것을 피하기 위하여, 영어가 이 기능을 수행하기 위한 유일한 언어가 되어서는 안 되며, 이와 같이 가르치는 과목들이 학교 과정에서 가장 유익하거나 가장 중요한 것인 양 되어서는 안 될 것이라고 지적한다. 이 문제에 대해서는 가조 Gajo(2006)를 또한 참조할 것.

바실리 알렉사키 Vassilis Alexakis는 『낯선 낱말들(2002)』이라는 자신의 소설에서 그리스어, 영어, 프랑스어 그리고 상고어*가 포함되어 있는 자신의 의사소통 목록이 어떻게 이루어져 있는지에 대한 좋은 개요를 보여주고 있다. 이 소설에서 가져온 몇몇 발췌문들을 통하여, 우리는 저자의 언어들에 대한 위상, 저자가 언어를 배웠던 환경, 언어를 배우게 된 자신의 동기, 언어에 대한 사용과 지식 그리고 언어 사이에 구축된 관계가 어떠한지를 알 수 있을 것이다.

<표 22> **다언어 의사소통 목록의 예시**

그리스어	언어의 위상	그리스어는 제1언어[43]이다. "나는 어머니가 그리스어 알파벳을 가르쳐 주시던 때인 아주 먼 과거로 거슬러 올라간다. 나는 글자를 깨우치기가 참으로 어려웠다. 어머니는 실망을 하곤 하였다. 어머니는 내가 언어에 소질이 없다는 것을 일찌감치 알아차렸다."(11쪽)
	학습 환경	배우는 언어가 일상 언어와 동일한 환경에서 배웠다(그리스어를 그리스에서 배웠다).
	언어의 사용과 지식	그리스어는 모국어이지만 다른 언어·문화들을 경험하는데 영향을 주었다. "10년이 지난 뒤 모국어인 그리스어를 자유롭게 사용할 수 있는 능력으로 돌아오면서 만났던 어려움들을 기억하였다."(11쪽)

42) 이 목록은 여러 가지 명칭으로 지적되고 있다. 다벤느 Dabène (1994:153)는 '의사소통 목록'이라 하고, 루디 Lüdi(2000:181)는 '다역학 목록', 머피르젠 Murphy-Lejeune와 자라트 Zarate (2003:37)는 '다언어 목록(répertoire plurilingue)', 나아가 코스트 Coste(2002:117)는 '언어 목록'라 부르고 있다. 우리는 앞의 코스트의 정의와 다벤느가 제안한 명칭을 편들어 이를 사용하였다. 다시 말해서 하나만을 지적하는 '언어 목록'보다는 보다 포괄적인 '의사소통 목록'이라는 용어를 선택하여 사용하였다.

* 역주 : 상고어(sango)는 프랑스어와 함께 중앙아프리카 공화국의 공용어이다. 이 나라의 40만 명이 상고어를 쓰고 있으며, 제2언어로 쓰는 사람은 그보다 더 많다. 표기에는 라틴 문자가 쓰인다. 어휘 가운데 약 절반가량이 프랑스어 차용어이나, 구어에서 자주 쓰이는 낱말의 90%는 상고어 고유어이고, 프랑스어계 차용어는 주로 전문용어, 학술용어에 가까울수록 많이 나타난다.

영어	언어의 위상	영어는 첫 번째로 배운 외국어이다.
	학습 환경	배우는 언어와 일상생활의 언어가 동일하지 않는 환경(영어를 그리스에서 배움)
	언어의 사용과 지식	"나는 수년 동안 학교에서 받은 영어 수업에서 활용하면서 배운 것은 아무 것도 없다."(11쪽)
프랑스어	언어의 위상	프랑스어는 두 번째로 배운 외국어이다.
	학습 환경	배우는 언어와 일상 언어가 동일한 환경에서 배웠다(프랑스에서 프랑스어를 배웠다).
	동기	"내가 프랑스에서 오래 살고 있다는 것을 알았다. [...] 내가 쓰기를 꿈꾸었던 책들은 나의 나라 그리스에서 나올 수 없을 것이다. 나는 프랑스어로 이런 책들을 쓰기를 꿈꾸기 시작하였다."(106쪽)
	언어의 사용과 지식	"프랑스어가 그럭저럭 나의 생계를 유지하게 하는 작업 도구가 되고나서부터는 프랑스어가 관심에서 좀 멀어지고 있다. 나에게 프랑스어는 더 이상 외국어가 아니다. 아무튼 프랑스어를 배운지 꽤 오래 전에 나는 프랑스어를 항상 알고 있다는 인상을 갖게 되었다."(12쪽)
상고어*	언어의 위상	상고어는 세 번째로 배우게 된 외국어이다.
	학습 환경	일상생활에서 사용되지 않는 상황(프랑스에서 배우는 상황)과 일상생활에서 쓰이는 상황(중앙아프리카에서 배우는 상황)에서 배웠다. "나는 이 언어(상고어)가 나의 아파트 구석에 처박혀 있다는 느낌을 갖고 있다. [...] 상고어로 파리 한 구석에서나 그리스에서 무엇을 할 수 있는지 때때로 자문한다."(164쪽)
	동기	"세 번째의 외국어가 나에게 무슨 필요가 있었나? [...] 어쩌면 어떤 외국어도 아는 것이 없었기 때문에, 외국어를 배우고 싶어 했지 않았나 싶다."(11쪽~12쪽)

43) 우리는 본서에서 '제2언어'라는 용어와 '제1언어'라는 용어를 사용할 것인데, 제2언어(필요할 경우 L2로 쓸 것이다)란 문제의 언어가 당시 다소 숙련된 사용자로서 간주되는 학습자의 언어 목록의 일부로 이미 되어 있다는 것을 지적하는 오늘날의 용어이고, 제1언어(L1이라 쓴다)란 뽀르끼에 Porquier와 삐 Py(2004:19)에 따르면 모국어라는 용어보다도 적절한 용어이다.

상고어	언어의 사용과 지식	나는 한 카누 조종자에게 "므비 바라 모(Mbi bara mo)."하고 인사하자, 그는 내게 "바라 민지(Bara mingi)"하고 답했다. 그리고 나는 그에게 운항을 잘 하라고 "게 느조니(Gue nzoni)"라고 말해 주었다. 참 간단한 대화이긴 하지만, 그 카누 조종자가 나에게 상고어 상장이라도 부여했던 양 이 대화를 자랑스럽게 생각했다. "내가 한 카누조종자와 말을 했었던 만큼, 나는 이 언어를 안다고 주장할 수 있다. 그러나 나의 이러한 환상은 한 순간에 끝나고 말았다. 왜냐하면 곧 바로 그 사람은 그 발동선을 전복시킬 뻔했던 발동기 운전자에게 욕설을 퍼부었는데, 나는 그가 무슨 말을 하고 있는지를 전혀 이해하지 못했던 것이다."(311쪽)
언어의 관계	그리스어와 프랑스어의 관계	"나의 모국어인 그리스어와 제2언어인 프랑스어 사이에서 수없이 왔다 갔다 하지만, 이렇게 오고 갈 때 마다 항상 어떤 가벼운 흥분을 느낀다. 잘 알고 있고, 빈번히 만나며 그리고 서로 공통 추억을 지니고 있는 것이 바로 그리스어와 프랑스어이다. 나는 이 두 언어의 유사성을 지금은 보다 잘 분간하고 있다."(78쪽)
	그리스어, 프랑스어 그리고 상고어와의 관계	"상고어는 내게 생각나게 하는 게 아무 것도 없다. 이 언어에 대한 내 추억은 낯설고, 이 언어는 내게 새로운 출발을 할 수 있다는 기분 좋은 기대를 갖게 한다."(55쪽)

이상의 상세한 예시를 통하여 (원어민처럼 말하고 글을 쓰는 최고능력의 학습자라는 신화를 반대하여 새롭게 등장한) 부분 지식과 (언어를 잘 알지 못하면서 문화를 잘 이해할 수 있는 것과 같이 문화를 잘 알지 못하면서도 언어를 잘 알 수 있는 것과 같은) 불균형의 지식으로 이루어지는 목록을 어떻게 만들 수 있을지 잘 다해할 수 있을 것이다.

다음 도표 [베아꼬 Beacco와 비람 Byram(2003:68)에 따른 <도표 23>]는 간단히 말해서 유럽에서 중등교육을 받은 성인에 있어서 '보통'이라고 간주되는 사람의 의사소통 목록을 명시적이고 대조적으로 나타낸 것이다.

<표 23> 유럽 성인의 '보통 사람의' 의사소통 목록

제1언어를 (구어로) 규범에 맞는 다양성에 따라 사용할 수 있음
제1언어의 문어를 다양하게 사용할 수 있음 (문어 담화에 숙달되어 있고, 학교와 직업을 통하여 습득함)
(단어 특히 악센트의) 기본적인 다양성에 대하여 세대 간에서나 지역적으로 다양하게 사용할 수 있음
지역어를 어떤 의사소통의 상황에서 공인된 다양성에 따라 바꾸어 사용할 수 있음
외국어의 다양성에 비교적 숙달되어 있고 또는 이를 학교나 여행 또는 매체를 통하여 경험함
지역어이든 외국어이든, 여러 사회적 또는 세대 간의 다양성을 어느 정도 인식하고 이해함

이러한 특징을 활용하게 될 때, 이제 우리는 다언어에 대한 자신의 의사소통 목록의 특징을 작성하는 연습을 할 수 있을 것이다. 앞의 주제로 다시 돌아와서 앞서 제시한 「공통기준」의 자기평가의 기준을 사용한다면, 우리는 또한 자신의 의사소통 목록을 정교히 만들 수 있을 것이다.

우리는 제 1부의 마지막 여기까지 이르면서, (다언어사용의 촉진이라는) 가장 적극적이고 이론적인 개념에서부터 시작하여, 「공통기준」의 핵심이 되는 것에 이르기까지, 「공통기준」을 일차적으로 완전히 훑어보았다. 이는 (A1에서 C2에 이르기까지) 능력 수준에 대한 인식과, 개인의 요구나 신분 그리고 개인 생활의 이력에 따른 부분적이고 불균형적인 지식의 습득이라는 개념은 말할 것도 없고, 문어에서나 구어에서의 이해활동, 표현활동, 상호작용활동, 중개활동의 특징들을 기술하는 수준별 설정기준에 대한 단계적인 분포에 관한 것이었다. 「공통기준」 덕분에 (드디어) 유럽에서 (적어도 프랑스에서) 교수자 동료들과 교과교육학자들 사이에서 공통적인 용어와 개념의 지표들을 사용하게 되어, 토론을 할 때 상호간의 대화와 이해를 도모할 수 있을 것이다.

이상과 같이 일차적으로 전체를 훑어보고 나면, 제공된 자료들이 풍부하고 체계적이라는 점에서 물론 깊은 인상을 받는다. 그러나 곧바로 다음과 같은 의문이 제기된다. (자료들이 풍부하고 체계적이긴 하지만, 어쨌든 이론적인) 이러한 참조 기준을 수업에서 그리고 수업을 위하여 어떻게 활용하고 사용할 것인가 하는 의문이다. 이러한 의문에서 출발하여 수많은 전문가들이 「공통기준」을 바탕으로 하여 교실에서 보다 직접적으로 활용할 수 있는 귀중한 보충 도구들을 제작하게 되었다. 본서의 제 2부에서 제시하게 될 것이 바로 이러한 연구들의 결과들이며, 이와 같이 제작된 도구들이다.

제 2부

「공통기준」을 활용하는 수업을 위한 작업 도구들

「공통기준」의 원리들에 근거하여 그 이론과 수업의 실제를 연결시켜주는 여러 가지 도구들이 제작되었다. 이 도구들 가운데에는 자기평가에 대단한 발전을 가져다 줄 수 있는 포트폴리오(5장)가 있고, 「공통기준」의 목록들을 문서로 실현한 언어 교육과정 안내 지침(6장)이 있으며, 마지막으로 기존의 시험들을 「공통기준」에 연계시킬 것을 목적으로 하는 다양한 도구들(7장)이 있다.

제 5장

자기평가를 위한 포트폴리오

「공통기준」을 바탕으로 제작되었고, 자기평가의 원리에 토대를 두고 있는 다음 세 가지 도구는 「공통기준」의 설정기준들이 어떻게 활용되고 있는지를 깊이 이해할 수 있게 한다 (결국 이를 통하여 설정기준의 기능 방법을 실제로 자기 것으로 만들 수 있을 것이다). 그 첫 번째의 도구는 자기평가 일람표인데, 이것은 주어진 외국어의 학습 시기가 언제이든, 그 정해진 수준에서 어떤 것을 습득하고 있고 또 앞으로는 무엇을 습득해야 할 것인지를 명확히 하는데 사용된다. 그 두 번째의 도구인 유럽의 외국어 포트폴리오는 개인의 일생 동안 줄곧 따라 다니면서, 여러 다양한 언어문화를 통하여 체험한 모든 것들을 기록하는 진정한 의미에서 언어 여권으로 사용된다. 그 세 번째의 것은 유로패스로서, 유로패스는 앞의 것들과 같은 목적에서 쓰이지만, 이를 넘어서서, 유럽연합 내에서 시민들(특히 학생들과 젊은 근로자들)의 이동을 용이하게 하자는 유럽평의회의 목표 가운데 하나를 실현하기 위하여 사용된다.

자율성을 향한 첫걸음으로서 자기평가 일람표

자기평가 일람표의 유형으로는, 종합적인 것과 분석적인 것이 있는데, 이것들은 「공통기준」의 설정기준을 토대로 해서 제작된 것이다. 우선 종합적인 자기평가 일람표(이미 제3장에서 그 모형을 살펴본 바 있다)는 일람표는 특정 외국어로 행할 수 있는 다양한 활동들 가운데 어느 정도의 수준의 능력을 지니는지를 총체적으로 결정할 수 있게 한다. 그리고 이 일람표에서 포트폴리오의 여권을 다루는 부분 속에 있을 수 있는 여러 가지 제시들을 볼 수 있는데, 이 일람표는 단 하나의 언어에 대하여 할 줄 하는 것을 평가하고자 하는가 (이미 앞서 55쪽에서 살펴본 바 있는 다음 <표 24>의 일람표로서 소위 단일 언어에 대한 평가 일람표) 아니면, 앞의 것과 동일한 활동들에 대하여 이미 알고 있는 외국어들로 할 줄 아는 것을 평가하고자 하는가(다음 <표 25>의 소위 다언어 평가 일람표 <표 25>로)에 따라 여러 가지로 제시될 수 있다.

<표 24> 단일 언어 자기평가 일람표

	A1	A2	B1	B2	C1	C2
듣기						
읽기						
대화에 참여하여 말하기						
연속하여 말하기						
쓰기						

<도표 25> 다언어 자기평가 일람표

대화에 참여하여 말하기	A1	A2	B1	B2	C1	C2
영어						
프랑스어						
그리스어						
상고어						

이상의 두 일람표 모두가 똑같이 강조하고 있는 것은 이미 습득한 의사소통 목록이다. 자신의 능력의 어떤 측면을 부각시키려고 하는지에 따라 앞의 두 가지 중에서 선택하면 된다. 예컨대, 하나의 어떤 언어에 있어서 여러 능력들의 진전된 숙달(예를 들어, 산출과 중개에서 만큼 이해와 수신에서도 프랑스어 또는 그리스어의 숙달)에 대해서는 단일 언어 자기평가 일람표를 선택하고, 여러 개의 언어에서 어떤 능력 (또는 부분적인 능력)의 진전된 발달(예를 들자면, 프랑스어, 그리스어, 상고어를 완전히 이해하기)에 대해서는 다언어 자기평가 일람표를 선택하면 될 것이다.

이어서 분석적인 자기평가 일람표를 살펴보자면, 이 일람표를 통하여 습득한 것이 무엇이고, 특정한 그 수준에서 습득하지 못한 것이 무엇인지를 세밀하게 밝힐 수 있다[44]. 다음은 A1 수준의 일람표에서 발췌한 것 (유럽의 포트폴리오의 자기평가를 위한 측정 목록에 있는 것으로, www.coe.int를 참조할 것)인데, 이를 통해서 이 일람표가 어떻게 기능을 하는지를 이해할 수 있을 것이다. 「공통기준」의 각 설정기준에 대하여 세 가지의 수직 항목란의 빈칸을 채워 넣어야 하는데, 우선 첫 번째의 수직 항목은 명확히 '작성자 자신'이라는 항목인데, '정상적인 여건에서' 요구하는 것을 만족할 정도로 수행할 수 있는지 또는 매우 만족할 정도로 다시 말해서 '잘 그리고 쉽게' 할 수 있는지를 자신이 평가한다. 두 번째의 항목은 (교수자, 원어민 또는 동료와 같이) 외부에 있는 사람들의 견해를 통하여 앞의 첫 번째의 자기평가를 인정받을 수 있거나 없는 것을 기록한다. 세 번째 항목은 '학습자 자신의 학습목표'라는 항목으로, 앞서 평가된 사용 능력의 습득이 어느 정도 중요한지를 여기에서 기록함으로써, 전체 개관을 보완하게 된다. 포트폴리오는 개방된 도구로서 작성자 개개인의 필요에 따라 설정기준을 보완할 수 있는 빈칸의 행간들을 포함시키고 있다.

<표 26> **수준 A1에 대한 자기평가 일람표의 일부**

	표시 방법 1과 2의 항목에 대해서는 정상적인 상황에서 그렇게 할 수 있으면 v로 표하고, 쉽게 잘 할 수 있다면 vv로 표 하시오. 3의 항목에 있어서는 그것이 작성자 자신의 학습목표일 경우 !로, 학습자 자신에게 최우선적인 것일 경우 !!로 표 하시오. * 만약 80% 이상의 표시가 되었다면, A1의 수준에 이른 것으로 봄	작성자자신	교수자 또는 외부인사	학습자자신의 학습목표
☺	듣기	1	2	3
	천천히 그리고 분명히 말하고, 뜻을 파악할 만한 시간적인 여유를 준다면 이해할 수 있다.			
	한 지점에서 다른 지점을 가기 위하여 도보나 교통수단 등 어떻게 갈 것인지와 같은 간단한 정보 제시들을 이해할 수 있다.			
	질문이나 무엇인가를 하라는 권유를 분명하고 천천히 말한다면, 이를 이해할 수 있고, 간단하고 단순한 지시들을 이행할 수 있다.			
	수, 가격, 시간에 관련된 표현을 이해할 수 있다.			

44) 프랑스어와 영어에 사용할 수 있는 모든 수준에 대한 자기평가 항목들은 유럽평의회 인터넷 사이트에서 볼 수 있다. 포트폴리오의 언어 여권 부분에 바탕이 되는 자기평가의 종합적인 항목들은, 독일어, 영어, 바스크어, 불가리아어, 카탈로니아어, 덴마크어, 스페인어, 에스토니아어, 핀란드어, 프랑스어, 갈라시아어, 그리스어, 항가리어, 아일랜드어, 이탈리아어, 레토니어, 리투아니아어, 네덜란드어, 폴란드어, 포르투갈어, 러시아어, 슬로바키아어, 슬로베니아어, 체코어, 터키어와 같은 수많은 언어로 번역이 되어 있다(유럽평의회 인터넷 사이트에서 볼 수 있다).

이 일람표들과 「공통기준」의 연관관계는 매우 밀접하며, 일람표는 「공통기준」에 직접적인 영향을 받는다. 앞서 제시한 일람표의 처음 나오는 설정기준을 구어의 일반적인 이해를 목표로 하는 「공통기준」의 설정기준(55쪽)과 대조해보더라도, 이에 대한 다른 보충설명이 필요하지 않을 것이다.

<표 27> **대조를 위한 「공통기준」의 A1 수준에서의 '듣기'**

A1	대화자의 발언이 느리고 그 발음이 매우 또렷하며, 그 의미를 이해하기에 충분한 시간의 여유가 있다면, 이를 이해할 수 있다.

유럽평의회 2001

이상의 일람표는 부정할 수 없는 장점이 있는데, 그 가운데 하나는 특정한 어떤 수준에서 할 수 있는 것이 무엇인지를 두 쪽에 걸쳐 제시하고 있다는 데 있다 (이에 반해 「공통기준」은 특정한 어떤 활동에서 할 수 있는 것이 6개의 각각의 수준에서 무엇인지를 체계적으로 제시하는 쪽을 선택하고 있다). 그러나 자기평가를 위하여 분명히 예시하고 있는 이 일람표들은, 교실에서 점진적으로 습득될 수 있는 어느 정도의 사용능력을 전제로 한다.

교실에서 자기평가 일람표의 사용방법

자기평가 일람표는 공부를 세 시기로 나누어서 교실에서 활용될 수 있다. 우선 수업(학기)을 처음 시작하는 시기에서 이 일람표는 학생들이 자신이 어떤 위치에 있는지와 자신의 수준의 목표를 이해할 수 있게 한다(초보수준에 있어서는 모국어로 작성하여 일람표를 사용할 수 있을 것이다). 학기의 중간 단계 시기에는 일람표는 중간 결산을 수행할 수 있다. 그리고 학기(수업)의 마지막 시기에 이르러서는 일람표로 학습목표가 달성되었는지를 평가할 수 있을 것이다.

그 다음으로 이 일람표들을 교수·학습의 상황에 따라 어떻게 활용할 것인지는 교수자 각자에게 맡겨진다. 그렇지만 다음 <표 28>의 조언들은 잡다하고 보잘 것 없어 보이지만, 유용할 것이다.

<표 28> 수업에서 자기평가 일람표 활용을 위한 실용적인 조언들

- 교수자는 가능한 한 자신의 교육 상황의 현실에 맞게 이 표준 자기평가 일람들을 적절히 적용해야 한다. 간단히 말해서 그 기준들을 다시 만들고 나아가 특별하게 만드는데 주저해서는 안 될 것이다.
- 교수자는 자기평가 일람표가 평가의 시기에 따라 이랬다저랬다 하지 않도록 이를 (당연히 학생들이 동의하는 가운데) 가져와, 이를 지속적으로 유지해야 할 것이다.
- 적절한 색깔로 표시하는 방법을 사용하여 수업이 진행되는 전 기간 동안 학습자의 발달의 흔적을 남겨둘 수 있을 것이다 (최초 제시하였던 평가항목들을 변경시킬 수 있을 것인데, 이러한 발달을 구체적으로 보이기 위해서는 충분한 항목들이 한꺼번에 있어야 할 것이다). 이와 같이 함으로써 학습자가 습득한 것이 무엇이고 앞으로 습득해야 할 것이 무엇인지를 시각적으로 보여줌으로써, 자율성을 갖게 할 수 있을 것이다. 예를 들자면, 학생이 B1 수준의 수업 처음 시기에서는 일람표를 초록색으로 칠하게 하고, 그 중간 단계에서는 파란색으로 이를 칠하게 하며, B1 수준의 수업 마지막 시기에서는 붉은색으로 이를 칠하게 할 수 있을 것이다.
- A1의 수준에서는 못하겠지만, A1을 제외한 수준에서 수업을 시작할 때, 이전의 수준에 대한 자기평가 일람표를 학습자가 작성하게 하여, 습득한 것이 무엇이고 부족한 것이 무엇인지에 대한 '진정한' 보고서를 만들 수 있을 것이다. 예: 어떤 학생이 B1 수준의 수업에 등록할 경우, A1, A2, B1 수준의 일람표를 한꺼번에 작성하지 않도록 조언한다. 이렇게 함으로써 그 학생이 A1과 A2 수준의 모든 능력을 습득했다고 여기고 싶지 않게 할 수 있을 것이다.
- 평가 일람표들이 어휘와 문법을 평가하는데 국한되어서는 안 될 것이다.
- 학생들이 처음에는 예견하지 못했으나 배워서 할 수 있었던 것이 무엇인지를 강조하기 위하여 평가 일람표데 '공란'을 두는 것이 좋을 것이다.
- 평가 시기 이외에도, 평가 일람표에 대하여 집단적으로 토론하는 시기는 언제나 열려 있다.

이러한 평가일람표들을 교실에서 사용하는 것은 대단히 중요하다. 이를 사용함으로써 학생들은 교실에서 실현된 활동들의 의미와 목적을 구체적으로 이해할 수 있고, 수업이 아무렇게나 되는대로 이루어지는 것이 아니고, 능력의 수준에 이르는데 기여한다는 것[45]을 확인할 수 있기 때문이다.

또 다른 장점은 이러한 평가일람표들이 언어 능력을 중시하기 위하여 유럽평의회가 개발한 도구들 속에서도 볼 수 있다는 것인데(그 기능에 익숙하게 되는 데에는 처음에는 좀 시간이 걸릴 수 있지만, 결국은 여러 면에서 유익할 수 있다), 언어 포트폴리오가 그 자체로 유로패스를 탄생시켰던 것이다. 그래서 이제 우리는 평가일람표와는 다른 이 두 가지 도구의 특징들을 살펴보려고 한다. 우선 살펴보려 하는 것은 언어에 대한 유럽의 포트폴리오인데, 이는 다언어사용을 추진하는데 뛰어난 도구이다. 각 개인은 다언어 가정에서 살고 있는가 하면 외국을 여행할 기회가 많기도 하고, 또는 외국에 있는 학교에서 일 년을 다니기도 했기 때문에, 학습이 비제도권에서 이루어지기도 한다는 점에서, 학교라는 제도권 학습이든, 제도권 밖의 학습이건 간에, 학습자 개개인이 자주 접하였던 각각의 언어에 대한 각 개인의 학습 경험들을 포트폴리오에 기록할 수 있다는 점에서 그러하다.

「공통기준」이 역사와 맥을 같이 하는 포트폴리오의 간략한 역사

유럽의 외국어 포트폴리오라는 개념은 2001년이 되기 몇 달 전부터 (이때부터 유럽의 언어의 해가 시작되었고, 2001년에 「공통기준」이 출판되었다는 점을 상기할 필요가 있을 것이다) 공식적으로 인정받게 되었다. 이 때는 다시 말해서 2000년 10월 15일부터 17일까지 폴란드의 크라코비에서 모인 유럽평의회의 교육부 장관들의 20차 상설위원회가 열렸던 때이다. 포트폴리오의 기원은 이보다 오래 된 것으로, 그것이 만들어지는 과정들은 「공통기준」의 제작과정과 일치한다. 1991년 스위스의 취리히 근처에 있는 뤼슐리콘에서 있었던 유럽의 심포지움에서 이 개념이 제시되었고, 1996년에 유럽평의회는 그 타당성 연구를 후속으로 수행하였고, 이와 병행하여 스위

45) 같은 생각의 범주에서 (예컨대 www.dialang.org/french라는 DIALANG 사이트와 같은) 온라인상에서 제시되고 있는 자기평가 활동들을 학생들이 주기적으로 실행하도록 권장할 수 있을 것이다. 읽기, 작문, 듣기, 문법, 어휘는 14개 언어(독어, 영어, 덴마크어, 스페인어, 핀란드어, 프랑스어, 그리스어, 아일랜드어, 아이슬란드어, 이탈리아어, 네덜란드어, 노르웨이어, 포르투갈어, 스웨덴어)로 그 수준을 평가할 수 있는 항목들이다. 이에 대해서는 「공통기준」의 부록 C에서 제시된 기술을 또한 참조할 수 있다.

스의 연구진에 의하여 외국어 포트폴리오가 설정되었으며, 그 뒤를 이어 특히 교육의 모든 분야 (초등학교, 중등 수준, 전문화된 대학교, 성인 교육)를 포함하는 첫 번째 포트폴리오 버전에 대한 광범위한 테스트가 있었다. 그 이후 이제까지 유럽평의회 외국어 포트폴리오의 효율화를 위한 유럽 위원회가 103개가 넘는 외국어 포트폴리오에 대하여 그 효율성을 인정하였고, 그 계획들이 『공통기준』의 원리[46]에 부합한다고 인정하였다. 이러한 도구가 성인에 제한된 것은 아니다. 프랑스어로 된 포트폴리오 가운데에는 청소년과 성인을 대상으로 하는 유럽의 외국어 포트폴리오 말고도 아동을 대상으로 하는 『내 최초의 포트폴리오 *Mon Premier Portfolio* (2001c)』 도 있다[47]. 이것은 어느 것보다 놀이적인 요소가 많고, 마분지 A3 크기에 네 번 접는 형태로 제시되어 있는데, 외국어 여권의 부분을 네 가지 색깔로 제시하고 있어 (읽기는 노란색, 말하기는 파란색, 쓰기는 초록색, 듣기는 붉은색으로 나타낸다) 돌차기 놀이의 그림판을 연상하게 한다. 그리고 학교를 다닐 때는 물론이고 일생 동안 줄곧 함께 해야 하는 이러한 도구에 관심을 갖는 아동들에 대하여, 『중학생을 위한 유럽의 외국어 포트폴리오 *portfolio européen des langues pour le collège* (2004)』 가 있는데, 여기에는 외국어를 배우는 방법을 개선하기 위한 요령이나 방법들과 같은 독창적인 부분들이 소개되어 있다(이 포트폴리오는 예를 들자면 자신감을 주기 위한 방법으로 "오류를 행하면서 또한 배운다. 배우는 언어로 '과감히 행동하는 것'이 필요한 때가 있고, 나아가 배우는 언어를 사용하다가 '웃음거리가 되는 것을 두려워하지 말아야한다'. 모든 사람들이 다 이런 과정을 거친다."라고 소개되어 있다). 그리고 세상의 언어들과 이 언어를 사용하는 사람들을 이해할 수 있도록 이끄는 활동들을 제시하는 소책자가 있다.

---

46) 이러한 영역에서 유럽평의회의 투명성에 대한 배려는 높이 평가될 수 있을 것이다. 즉 유럽의 외국어 포트폴리오의 모형에 대하여 그 효율성을 인정하는 규칙과 그 효율화를 위한 방법은 『유럽의 외국어 포트폴리오 입안자를 위한 안내 *Guide à l'usage des concepteurs de portfolios européens des langues*』 에 명확히 설명되어 있는데, 이는 유럽평의회 사이트(www.coe.int)에서 전부 다운받을 수 있으며, 이 사이트에서 유효성을 지닌 포트폴리오의 목록을 찾아 볼 수 있을 것인데, 그 가운데 어떤 것은 다운 받을 수 있기도 하다.

47) 이러한 유럽의 외국어 포트폴리오를 개혁한 새로운 출판이 바야흐로 사용되고 있다.

예술가는 자신의 작품을 소개하기 위하여 가변적인 구조를 지닌 표준화되어 있지 않은 포트폴리오를 사용하지만, 이와는 달리, 유럽의 모든 외국어 포트폴리오는 세 개의 부분으로 정해진 구조를 지니고 있다.

언어 포트폴리오들의 공통점으로서 세 가지 보완 부분

유럽의 외국어 포트폴리오들에는 언어 여권, 언어 개인기록, 자료라는 세 가지의 보완 부분들이 포함된다[48]. 이것들은 대상이 누구이고 상황이 어떠한가에 따라 다양하게 만들어진다.

언어 여권은 무엇보다도 1~2쪽으로 작성된 종합적인 자기평가 일람표이기 때문에 다양한 활동에 대한 외국어의 능력 상황이란 형식을 빌려 개별적인 종합 결과서로 사용될 수 있고, 겪은 경험들과 여러 외국어로 획득한 인증 또는 자격들에 대한 종합 결과서로 역할을 수행할 수 있다. 즉 여기서 결과서로 역할을 수행하는 것은 각 언어에 대하여 학습자가 어떤 수준에 있는지(A1에서 C2까지 이르는 학습자의 수준)에 대하여 규명하는 것이다. 이러한 규명은 우리가 앞서 단일 언어와 다언어라는 두 가지 종류로 된 자기평가일람표에서 다루었던 도표(이는 우리가 3장에서 이미 '「공통기준」에 익숙해지기 위한 두 가지 간단한 연습'을 제시한 바 있기 때문에 이제는 익숙해진 도표이다)의 도움을 받아 이루어지게 된다.

이어서 **언어 개인기록***의 부분은 학습자가 외국어에 대하여 어떤 교육을 받았고, (원어로 본 영화, 외국어 모임이나 전시회 참여와 같이) 학교 밖에서는 어떤 경험을 하였는지, (수행한 연수 또는 외국인이나 외국과 관련된 활동과 같이) 사회문화적으로 어떤 경험을 하였는지를 조사함으로써, 학습자가 경험한 의사소통 목록을 개관할 수 있게 한다. '언어 전기'라는 용어는 리흐트리히 Richterich의 최초 비판과 맥을 같이하여 포르쉐 Porcher(2004:85)가 지적하고

---

48) 네 번째 부분은 학습자가 학교 내외의 환경에서 경험한 문화상호적인 경험에 대한 정보를 다루는 부분으로, 때로는 포트폴리오에 통합된다.

* 역주 : 이 용어의 원어는 프랑스어로 'biographie langagière'인데, 여기서 우리는 '언어 전기'라 하지 않고 '언어 개인기록'이라 번역하였다.

있는 바와 같이, '적절하지 않은' 것으로 보여지므로, 영어의 명칭에서 비롯된 '지도 map'라는 용어가 이보다 선호되기도 한다. 왜냐하면 학습자는 여러 언어로 측정되는 능력에 도달하기 위하여 어떤 경로와 수단들을 이용했는지, 이에 대하여 진정한 '지도'를 만들 수 있기 때문이다. 한편 앞서 지적한 책에서 포르쉐는 이와 관련하여 "모국어의 문어와 구어 능력은 분명히 드러나기 마련이고, 이는 엄밀히 말해서 당연하고 불가피하기까지 하다. 모국어 능력의 격차는 외국어 능력 못지않게 크며, 나아가 모국어 능력은 전적으로 특정 개인의 문화(와 언어) 자산의 일부가 된다."라고 지적하였다. 이는 우리가 학습자와 포트폴리오에 바탕을 두어 공부할 때, 반드시 기억해 두어야 할 중요하고 정확한 지적이다. 왜냐하면 모국어에 대한 이러한 종합 결과가 언제나 포트폴리오 속에서 분명히 나타나고 있지는 않기 때문이다. 나아가 포트폴리오에는 여러 언어의 능력에 대한 자기평가 부분이 있기 때문이다(우리가 앞서 각 설정기준에 대하여 '분석적인 자기평가 일람표'라 명명하였던 것으로, 이 일람표는 경우에 따라 있을 수 있는 외국어 각각에 대하여 4개부터 6개의 항목으로 이루어진다). 다음은 청소년이나 성인에 대한 포트폴리오에서 가져온 일예이다.

<표 29> **포트폴리오의 예시 A1 수준의 '듣기'(10쪽)**

친숙한 낱말과 매우 일상적인 표현들을 이해할 수 있다.							
습득한 외국어	…	…	…	…	…	…	
	□	□	□	□	□	□	인사할 때, 어떻게 지내는지 안부를 물을 때 또는 헤어지는 인사를 하게 될 때, 이해할 수 있다.
	□	□	□	□	□	□	명확하고 간단한 지시어들을 알아본다.
	□	□	□	□	□	□	(수락, 거절, 감사와 같이) 일상생활의 친숙하고 간단한 표현을 이해한다.

우리는 여기에서 앞서 살펴본 「공통기준」과 자기평가 일람표와의 연결 관계를 되짚어볼 수 있을 것이고, 앞의 일람표를 이용하여 그 연결 관계를

보완할 수 있을 것이다. 여기서 주목해야 할 점은, 포트폴리오의 설정기준은 그 『공통기준』과 자기평가 일람표와 동일한 주도적 방향에 자리 잡으면서, 일상생활의 상황들 쪽에 축을 설정하여, 구어의 일반적인 이해와 관련되는 지침들을 구체적으로 실현한다는 점이다. 이와 같이 언어 개인기록은 각 개인이 다양한 외국어들에 대하여 가지고 있는 (부분적인 능력이거나 그렇지 않은) 능력을 진정한 지도로 구현하게 되는데, 그 각각의 언어들이 완벽한 다언어 어린아이의 지도 위에 그려진 자신의 고유한 도로가 있기 때문이다.

마지막으로 **자료** 부분은 학습자가 자신의 포트폴리오에서 조사된 정보들을 뒷받침 하는 모든 자료들을 선택하고 모아 놓을 수 있는 곳이다. 여기에서 인증이나 증명 자료들을 당연히 볼 수 있을 뿐만 아니라, 학습자가 다양한 외국어로 도달한 언어 수행능력의 수준에서 대표적이라 여겨지는 공부 결과들도 볼 수 있다. 우리는 B2의 수준에서, 우리 학생들이 학기 전반에 걸쳐서 컴퓨터로 실현하면서, 현장에서 청취한 표현들을 탐색하고 설명하는 '상황의 입문 자료'를 포트폴리오에 덧붙이도록 유도할 수 있을 것이다. 다음은 문자 A에 해당하는 입문 자료에서 발췌한 것인데, 이는 B2의 수준의 독일 학생이 만든 것이다.

<표 30> '아쁠뤼스(A+)'에 대한 상황의 입문 자료의 예시

아쁠뤼스(A+) 프랑스 사람들은 작별 인사를 할 때, "차오 Ciao"라는 표현 대신 "아쁠뤼스(à+)"라고 흔히 말한다. 이런 현상은 이메일에서 글을 끝마치는 데에서도 매우 자주 발견된다. "아쁠뤼따르 A plus tard" 라고 글로 쓰지 않으며, 나아가 이를 더 줄여서 아예 '쁠뤼'라는 말 대신 '+' 라는 기호를 사용하고 있는 것이다. 나는 이것이 유행에 따른 표현이라 생각한다. 이 표현을 우리는 거의 도처에서 접할 수 있다.

요컨대, 교실에서 포트폴리오를 활용하기 위한 몇 가지 보충적인 지침들을 보면 다음과 같다. '자료' 부분은 학생들 마음대로 덧붙여지고 다양화 될 수 있다(그러나 교실에서 이와 같이 이루어지는 작업이 학습의 좋은 흔적으

로 '자료' 속에 온전히 개입될 수 있다는 점을 교수자는 학생들에게 언급하지 않을 수 없을 것이다). '언어 여권'의 부분은 종합 결과의 형식을 지니기 때문에 수업의 학기 말에 작성되는 반면, '언어 개인기록'의 부분은 언어 능력의 자기평가를 수행하기로 되어 있기 때문에, 수업 도중에 가장 많이 자주 작업을 해야 할 부분이 된다(앞서 자기평가 일람표를 사용하기 위해 제시된 조언들은 이 일람표로 공부하기 위해서도 또한 적용된다). 개인기록의 다른 부분은 교실에서 거의 사용되지 않는다(수업의 세 학기당 또는 매 학기 당 대략 두 번 정도 사용한다).

그렇다고 해서 교실에서 포트폴리오가 단숨에 도입될 수 있으리라고 생각해서는 안 될 것이다. 가능한 한 객관적으로 자기평가를 할 수 있기까지는 교수·학습의 문화와 습관에 따라 많은 시간이 요구되기 때문이다(이러한 평가일람표를 중국학생들과 남미 학생들이 있는 동일 교실에서 작성할 때, 능력에 대한 과대평가와 과소평가를 가져올 수 있는 온갖 괴리들이 측정되고 있다). 언어 개인기록을 작성하는 것 또한 학생들이 익숙해 있지 못하기 때문에 결국 최소한의 준비를 필요로 하는 연습 대상이기도 하다[49].

포트폴리오는 이와 같이 다음과 같은 두 가지 기능을 지닌다. 첫 번째 기능으로는 개인의 언어문화 능력을 입증하고, 유럽의 차원에서 이동성과 투명성을 사실상 용이하게 하는 '언어 여권'의 기능이다. 다른 하나는 앞의 기능과 아주 밀접하게 관련되는 교육적인 기능인데, 이 기능은 이 도구가 학생들에게 동기 부여의 원천이 되고, 학생들의 언어와 문화에 대한 지평을 확대하고 나아가 학생들이 자신의 다언어와 다문화사용 능력의 특성과 풍부함을 인식하도록 이끈다는 점에서 입증된다. 바실리 알렉사키 Vassilis Alexakis(본서의 67쪽을 참조할 것)와 같은 작가는 습득한 능력들을 중시하

49) 이에 대하여 보다 잘 알기 위해서는 포트폴리오의 한계들과 어떤 설정기준과 관련하여 자신의 위치를 파악하는 데 따른 어려움과 직업세계에서 포트폴리오에 대한 인식의 문제들을 자세히 분석한 바농 쉬르망 Banon-Schirman & Makardidian (2006)의 논문과, 나아가 다양한 상황에서 외국어 포트폴리오 도입 경험을 다룬 이야기를 제시한 『현대언어』 *Les Langues Modernes* (2008) 제2권을 참조할 수 있을 것이다.

였고, 이를 통해 이 같은 도구의 실현이 가능하게 되었다는 점을 생각해 볼 필요가 있다. 다언어사용 능력을 지닌 명석한 소설가들만이 포트폴리오에 관심을 기울이고 있는 것은 물론 아니다. 리틀 Little(2002:113-114)은 아일랜드의 수도인 더블린에서 (문화에 적응하는 어려움과 더불어) 어렵사리 영어 학습 과정을 밟고 있는 알제리의 어떤 망명자의 경우를 보고하였는데, 이 망명자에게 포트폴리오는 요술지팡이와 같이 놀라운 효력을 지니는 역할을 한다고 하였다. 포트폴리오는 그 망명자가 영어의 경우 아직은 제한된 능력을 지니고 있지만, 아랍어와 프랑스어의 이중 언어 사용자이고, 모스크바 유학으로 러시아어에도 높은 수준을 소유하고 있다는 점을 보여주고 있기 때문이다. 여기에는 세 가지 효과가 있다. 첫 번째 효과는 개인적인 평가를 높게 받을 수 있다는 점이고, 두 번째 효과는 아랍어, 프랑스어, 러시아어를 말하는 사람들 사이에서 번역가나 통역사로 일할 가능성이 있을 수 있다는 점이며, 마지막 세 번째 효과로는 영어를 배우는데 있어서 일상생활에 대처하고, 아울러 희소성 있는 언어들에 능통한 능력에 관심을 갖는 미래의 고용주와 의사소통을 한다는 확고한 현실적인 목표를 갖게 한다는 점이다.

따라서 유럽의 외국어 포트폴리오는, 외국어 학습에서 학습자의 주도적인 역할과 학습자들이 도달하고자 하는 목표 그리고 실현된 진전에 대하여 그 상황을 파악하게 할 수 있는 도구일 뿐만 아니라, 여기서 나아가 학교 교육과정과 학교에 국한하지 않는 교육과정을 보다 밀접하게 통합시킬 수 있는 도구가 된다. 학습의 여러 가지 과정들을 관리하고 이를 중시하는 것은 각 개인에게 부여된 미지의 능력이 되는데, 그 이유는 주지하다시피 외국어는 단지 학교 교실에서만 배우는 것이 아니라는데 있다. 모국어에 대한 종합 결과를 수행하는데 소홀히 하지 않는다면, 유럽의 외국어 포트폴리오는 (언어 습득 못지않게 다문화 능력의 관점에서) 학습과정에서 모국어와 다른 언어들을 중시하는 첫걸음이 될 수 있고, 교실의 틀 속에서는 교수자들에게 학습자들의 다양한 능력 상황들을 단번에 파악할 수 있고, 이들 학습자 개개인의 '언어 지도'를 통하여 학습자와 더불어 앞으로 나아가게 할 수 있는 귀중한 도구가 될 수 있을 것이다.

학습자들에게 이런 것들이 갖추어질 때, 학습자들은 직업 시장으로 나아갈 수 있을 것이고, 자신이 알고 있는 다양한 언어와 문화의 경험을 매우 상세하고도 집중적으로 기록하는 포트폴리오와 그리고 분명히 직업현장 쪽으로 방향이 설정된 한층 완전한 도구인 유로패스를 활용할 수 있을 것이다.

유로패스로 직업 현장으로 진출하기

유로패스는 유럽의회와 유럽연합 이사회가 2004년 12월 공포한 것으로써, 유럽의 시민들이 자신의 자격과 능력을 보다 잘 알리고 소개하기 위하여 활용되는 자료들로 이루어진 개인 신분증이다. 그 매우 중요한 수단 하나는 자신의 개인 유로패스를 만들어 낼 수 있는 포맷자료를 도움이 되는 예시들 덕분에 인터넷 상에서 사용할 수 있다는 점이다. 즉 유로패스를 소개하는 인터넷 사이트 첫 화면[50)]에서 (유럽의 어느 곳에서든 규격화되어 이해할 수 있는) 이력서 유로패스를 온라인으로 작성할 수 있고 또 외국어에 대한 유럽의 포트폴리오를 직접 본뜬 언어여권 유로패스를 작성할 수 있으며, 그리고 개인이 유럽의 다른 나라에서 기업 연수나 대학에서의 학업의 학기를 보내면서 취득한 내용과 결과들, 다시 말해서 교육을 통한 모든 여타의 경험들에 대하여 자세한 명세서를 제공하는 체류 이동 유로패스를 온라인으로 작성할 수 있다. 이 개인 신분증을 구성하는 또 다른 두 가지 자료는 유럽의 범위에서 습득한 능력에 대하여 인증하도록 이끄는데 있는데, 어떤 한 나라에서 취득한 인증들이나 자격들을 '해독하고' 이해할 수 있게 하는데 있다. 그 첫 번째 자료는 모든 고등교육의 학위소지자에게 부여된 학위 유로패스라는 보충 자료이고, 다른 하나는 직업자격증 소지자들에 대한 자격증 유로패스라는 보충자료이다. 유로패스는 교사 교육에서 중요하고 유익한 도구가 될 수 있는데 이를 통해 특히 언어 지식에 대한 상황을 명시할 수 있고 또는 장차 있을 고용주에게 자신을 소개할 수 있기 때문이다. 다음은 릴 3대학 언어문화 교육학과의 석사과정을 마치는 한 여학생이 만든 유로패스에서 발췌한 것이다(로베르와 로젠 Robert & Rosen, 2010).

---

50) http://europass.cedefop.europa.eu/

<도표 10> 유로패스의 예

「공통기준」에 따른 외국어 자기평가	이해하기				말하기				쓰기	
	듣기		읽기		대화에 참여하여 말하기		연속하여 말하기			
영어	B2	자립적인 사용자	C1	숙련된 사용자	C2	숙련된 사용자	C2	숙련된 사용자	B2	자립적인 사용자
독일어	A1	초보 사용자	A1	초보 사용자	A1	초보 사용자	A1	초보 사용자	A1	초보 사용자
이태리어	A2	초보 사용자	B1	자립적인 사용자	A2	초보 사용자	A2	초보 사용자	A2	초보 사용자

사회에 대한 적성과 능력	• 공동체 정신이 좋음 • 임기응변의 적응능력과 사회동화 능력이 좋음 • 소통(수업에서 발표를 함으로써 정보를 전달하는) 능력이 좋음
조직에 대한 적성과 능력	• (계획을 짜고 이를 실행하기, 중학교에서 '영어의 날'이라는 행사를 조직하기와 같이) 조직구성 감각이 있음
컴퓨터 사용에 대한 적성과 능력	• 대학의 학업에서 사용되는 마이크로소프트 오피스(워드, 파워포인트, 엑셀) 소프트웨어에 매우 숙달되어 있음 • (학기말 성적표 처리와 같은) 캠퍼스 소프트웨어에 숙달되어 있음 • 인터넷에 매우 숙달되어 있음
예술에 대한 적성과 능력	• (삽화, 그림, '홈 데코' 장식용 판화 제작과 같은) 수공예 활동을 수행하는데 열성임
기타 적성과 능력	• 배구
운전면허	• 1종 보통 운전면허
그 밖에 신상 정보	• 미혼 • 국가 헌병대(자원병) 예비역

결국 우리는 「공통기준」의 기본 원리를 출발점으로 삼아, 진정한 의미에서 언어 직업 여권을 자유롭게 사용할 수 있게 되었다. 이 여권을 학습을 지속할 수 있는 가장 적절한 방법을 모색해야 할 교육의 책임자들이 사용할 수 있을 것이고 또 여러 다른 나라에서 취득한 자격들을 언어의 측면에서 뿐만 아니라 사용능력의 측면에서 평가할 수 있는 고용주들이 사용할 수 있을 것이다.

이와 같이 유로패스와 외국어에 대한 유럽의 포트폴리오 그리고 자기평가 일람표는 「공통기준」의 원리들을 심도 있게 이해하기 (습득하기) 위한 귀중한 도구들이 된다. 사용자가 어디에 위치하는지를 알려주며, 나아가 이에 따른 학습목표와 학습목표의 우선순위를 정의하는 임무를 지닌 척도나 설정기준을 이러한 도구들이 구체적으로 가져다 쓰고 있다는 점에서 그러하다. 우리는 다시금 수준의 척도의 중요성과 해당하는 수준의 설정기준의 중요성을 잘 이해하게 되었고, 이를 통해 외국어 교수·학습에서의 보다 큰 투명성에 도달하게 되었다. 그러나 이것만으로는 충분하지 않다. 어떤 언어 형식들이 어떤 수준에 해당하는지를 알기 위한 참조 조항들이 필요하다. 즉 A2의 수준에서 접속법의 형태에 숙달해야 하는가, B1의 수준에서 논증을 할 수 있는 것인가, 가능하다면 어떻게 할 수 있을 것인가, 하는 질문에 답하는 것인데, 그 답은 교육과정 안내지침 이라는 도구들 속에서 발견할 수 있다. 이러한 도구로는 특히 프랑스어의 경우 『프랑스어에 대한 참조 수준들 *Niveaux de référence pour le français*』이라는 것이 있다.

제 6장

「공통기준」의 활용 도구로서 외국어 교육과정 안내지침

우리 학생의 B2 수준은 다른 곳의 학생의 B2 수준과 같은가? 이 질문은 어떤 언어교육원에서 획득한 B2의 수준의 인증서를 뽐내며 오는 학생을 맞이하는 언어교육원의 책임자들을 안절부절 하게 한다. 왜냐하면 이들의 인증 받은 수준이 사뭇 다르기 때문이다. 이러한 상황은 2000년 초반에는 흔히 있었지만, 점점 줄어들고 있는데 (좀 덜 낙관적으로 말하자면, 점점 더 줄어들어야 할 것인데), 그 원인은 참으로 「공통기준」에 바탕을 두어 국가 차원에서 검증된 테스트와 시험을 정착시킨 덕분이고, 다른 한편에는 「공통기준」을 활용하기 위한 도구들이 개발된 덕분이다. 이 도구는 『교육과정 안내지침』이라 부르는 것인데, 이는 B2의 수준에 이른 학생이 그 수준에서 할 수 있는 것이 무엇이고 할 수 없는 것은 무엇인지를 매우 자세하게 구체적으로 알려준다. 「공통기준」의 보급과 더불어 교육과정 안내지침에 대한 연구 작업은 크게 발전하였다. 프랑스어의 경우 B2의 『교육과정 안내지침』이 2004년에 나왔고, A1 수준은 2006년에 나왔으며, 다른 수준에 대한 교육과정 안내지침들도 보조를 맞추어 출간되리라 본다.

『교육과정 안내지침』이란 용어(이 용어는 뜻이 모호하여 논쟁의 대상이 되고 있다)에 대하여 뀌끄 Cuq J.-P.는 『외국어와 제2언어로서 프랑스어 교육학 사전 *Dictionnaire de didactique du français*』 (2003:212)에서 한마디로 "활동이 요구하는 능력들의 목록이며, 이러한 활동들 자체를 목표로 하는 목록"이라고 명확히 밝히고 있다. 이 용어는 언어교육학에서 비교적 최근에 사용되고 있는 것[51]으로, 특히 이수단위로 직업능력 인증을 준비하기 위한, 직업교육의 분야에서 매우 많이 등장하고 있다. 이러한 맥락에서 『교육과정 안내지침』은 인증 획득을 위하여 알고 수행할 줄 알아야 할 것이 무엇인지를 목록화 한다. 교육계획의 내용을 정의할 수 있는 『인증을 위한 교육과정 안내지침』이 그것이다. 이것은

51) 예컨대, 1976년에 출간된 갈리송 외 Galisson R. et ali.의 『언어교육학 사전 *Dictionnaire de didactique des langues*』에는 이 용어가 표제어로 제시되어 있지 않다.

「공통기준」 그 자체와 다르며, 델프 DELF*와 달프 DALF*와 같은 인증들의 바탕이 되고 있는 『교육계획을 위한 교육과정 안내지침 *référentiels de programme*』 과도 다르다(본서의 제7장을 참조할 것). 즉 「공통기준」은 설정기준들이 포함된 능력들에 대한 목록으로 이루어져 있지만, 언어를 위한 교육과정 안내지침들은 A1의 수준에서 C2의 수준에 이르기까지의 6개의 수준에 대한 구체화된 목표 설정으로 이루어진다[52]. 로베르와 로젠 *Robert & Rosen* (2010)이 적시하고 있는 바와 같이, 『참조수준기술 *Descriptions de Niveaux* de *Référence* (DNR)』 이라고도 부르는 것이 보다 합당할 교육과정 안내지침은 「공통기준」에 바탕을 두고 있다. 이는 "「공통기준」이 유럽에서 '외국어 교육계획, 교육과정 안내지침, 시험, 교재 등을 제작하는데 있어 공통적인 바탕을 제공한다(「공통기준」 1.1)" 고 지적하고 있다는 점에서 그러하다.

이제 『교육과정 안내지침』 이나 『참조수준기술 DNR』에 대하여 자세히 살펴보기 위하여, 프랑스 대학에 막 도착한 프랑스어 B2 수준의 미국의 '전형적인 유형의'[53] 학생의 과정을 살펴보자. B2의 교육과정 안내지침은 이 유형의 학생이 프랑스의 언어와 문화 지식에 대한 상태가 어떠한지를 명확히

---

* 역주 : 각주 3)의 역주를 참조할 것.

52) 「공통기준」에 의해 실현된 진전은 유럽의 계획과 관련된다. 각각의 나라가 유럽의 여러 다른 나라와 협력하여 나아가면서, 「공통기준」에 부합하는 나름대로의 적절한 도구들(예컨대, 교육과정 안내지침, 증명 등)을 개발하고 있다. 우리는 앞으로의 전개에서 특히 프랑스어의 경우 교육과정 안내지침과 평가에 있어서 어떻게 실현되었는지에 대하여 관심을 기울이고자 한다. 그러나 다른 언어에 대해서 제작된 교육과정 안내지침들을 참고하는 것도 매우 유익할 것인데, 특히 특별한 사용의 상황에서 수준별 능력들을 조사하여 CD와 더불어 제시한 독일어의 교육과정 안내지침 *Profile Deutsch*(*Glaboniat* & al. 2002)이 그 가운데 하나이다. 『교육과정 안내지침』이란 용어를 중심으로 수행된 토론에 대하여 레미 뽀르끼에 Remy Porquier에게 심심한 감사의 말씀을 드린다.

53) 이는 하나의 이상형임을 분명히 해두고자 한다. B2 수준의 전형적인 화자(즉 말하기뿐만 아니라 쓰기에서 B2 수준을 지닌 화자)란 분명 존재하지 않을 것이기 때문이다.

** 역주 : 개념(notion)은 학습자가 표현하고자 하는 생각이다. 이는 일반개념 notion générale(사례의 공통적인 특징)과 특수 개념 notion spécifique(일반개념의 개별적인 사례)으로 구분된다. 예컨대, 시간이라는 일반개념에는 '지금, 내일, 오늘 10시, 저녁, 아침, 저녁과 같은 특수 개념들이 포함된다.

밝혀 줄 수 있다. 우리가 앞으로 살펴보고자 하는 것은, 분명히 말해서 교육과정 안내지침의 전체적인 내용이 아니라 대표적인 선별된 몇몇 가지 자료들인데, 이를 통하여 교육과정 안내지침이라는 이러한 도구가 지닌 성격을 지니는지를 이해하는데 도움이 될 수 있을 것이다.

베아꼬 외(2004:202)는 교육과정 안내지침에서 특수 개념**을 조사하면서, B2 수준의 전형적인 유형의 학생이라면 특히 대학에서 사용하게 될 다음 <표 31>과 같은 장소의 명사들을 알아야 한다고 지적한다.

<표 31> **특수 개념 : 교육, 제도, 시설**

개념 범주	언어 형태와 표현들
명사	classe(교실), salle(방), cour(운동장) campus(대학구내), bâtiment(건물), (B) auditoire(계단식 강당) amphi(강당), amphithéâtre(원형 극장), (CH) aula(대형 강의실), bureau(사무실), réfectoire(구내식당), cantine(교내 간이식당), restaurant(음식점), restautrant universitaire(대학 식당), cafétéria(셀프서비스 구내식당), gymnase(체육관)

이것들은 프랑스의 중소형 대학 캠퍼스에서 대학식당을 포함하여 길을 묻거나 위치를 표현하는데 필요한 장소의 낱말들이다(이 목록의 내용들에 대하여 항상 토론의 대상이 될 수 있다. 즉 이 목록에 'restaurant universitaire' 라는 낱말 말고도 보다 더 자주 쓰이는 'resto-U'라는 낱말도 포함시켜 배우게 할 수 있을 것이다). 우리가 이 특수 개념의 낱말 목록(이 개념 범주의 낱말 목록만 국한되는 것이 아니다) 에서 아울러 주목해야 할 것은, 프랑스 학생들이 인접한 프랑스어권의 나라에서 단기간 체류하는 경우를 대비하여, 벨기에와 스위스에서 사용되는 다양한 낱말들을 중시하고 있다는 점이다 (<표 31>에서 B는 벨기에에서, CH는 스위스에서 많이 사용되는 낱말이라는 것을 지적한다).

B2 수준의 이 학생이 한 학기를 끝마친 후, C1 수준의 승급 시험에서 근소한 점수의 차이로 떨어졌다는 것을 막 알게 되었다고 하자. 이 경우, 이 학생은 자신의 처지를 동정하는 프랑스 청자에게 이를 하소연하기 위하여 어떤 의사소통 기능을 사용할 수 있어야 할 것인가? 상게서는 이에 대하여 89쪽에서 다음과 같이 제안하고 있다.

<표 32> B2 수준의 교육과정 안내지침에 제시된 의사소통 기능 '하소연하기'

Je suis déçu de GN (...에 실망한다.) Ce n'est pas (encore/tout à fait) ça.[그게 (아직은, 전혀) 아니다.] C'est insuffisant/raté.(실패했다) C'est à refaire. (다시 할 필요가 있다) C'est nul/mauvais/...(허무하다/최악이다 /...) Je me serais (bien) passé de GN(... 없이도 (잘) 지낼 수 있다)	C'est insupportable. (견디기 어렵다.) Je n'avais pas besoin de ça. (그게 필요 없었다.) Il ne manquait plus que ça! (정말 가관이다) C'est le/un comble! (지독하다. 너무하다) J'ai à me plaindre de GN (...에 대하여 불평할 필요가 있다) Je voudrais me plaindre de GN (...에 대하여 불평하고 싶다)

이는 바라던 참에 잘 만들어진 것이다. 프랑스라는 나라가 옳건 그르건 간에 때로는 불평분자들의 천국으로 여겨지고 있다 보니, 프랑스어의 B2 수준에 도달했을 때 자신의 처지를 하소연하자니 적어도 12개의 표현이 필요했던 것이다.

교육과정 안내지침에는 의사소통 기능과 개념 말고도 의사소통 문법이란 무엇인지를 살펴보는 부분도 있다. 예를 들자면 일상생활에서 프랑스어 사용에 있어서 흔히 '낱말 문장'이라 부르는 상용표현에 대한 참신한 목록을 볼 수 있다(168~170쪽을 참조할 것). B2 수준에서 습득해야 한다고 보는 109개의 낱말 문장 가운데에는, '(전화를 걸 때) 여보세요(Allô)', '계속해서(A suivre)', '짜잔, 까꿍(Coucou!)', '파이팅(Courage!)', '천만에요(De rien)', '자(Et bien)', '그리고 나서는?(Et après?)', '글쎄요(Euh)', '자, 어서 (Ouste)', '이젠 지겨워(Ras-le-bol!)', '어이 저 주둥이(Ta gueule!)', '에잇(Vlan)' 같은 것들을 볼 수 있다. 이러한 것들은 매우 짧지만 완전한 발화로서 프랑스어의 독특한 특징을 지니는 만큼(그러나 이것이 때로는 이해하기 어렵게 하는 원인이 되기도 한다), 프랑스어를 배우는 전형적인 학생이라면 이에 숙달할 수 있어야 할 것이다.

그 밖에 역시 매우 독창적인, 텍스트 문법이란 문법적인 부분에서는 우리 학생들이 대학에서 표현하는데 있어서 참으로 유용할 수 있는 분야를 다루고 있다. 현상과 행위들 그리고 존재와 사물, 관념, 개념과 관계의 특징을 총칭적으로 지적하는 명사의 목록과 더불어 제시된 조응적인 관계가 그것이다. 이와 같이 개념의 목록을 통하여 많은 중복들을 피할 수 있고, 수미일관되게 구조화된 텍스트를 만들어 낼 수 있을 것이다(교육과정 안내지침의 183쪽과 <표

33>을 참조할 것). 그리고 우리는 본장의 좀 뒤에서 이러한 조응소의 요소들의 목록을 교실에서 어떻게 사용할 것인지 그 사용방법을 볼 수 있게 될 것이다.

<표 33> B2 수준에 대한 교육과정 안내 지침의 문법에서 조응소의 관계

참조 분야	조응 명사
지식의 추상적인 대상	관념(concept), 개념(notion), 구현(représentation)
인식으로 구현된 것	현상(phénomène)
기본적인 지식	요소(élément), 개념(notion), 기초(rudiments)
제기되어 규명되지 않은 제안	명제(axiome), 가정(hypothèse), 가설(postulat), 명제(prémise), 원리(principe)
문제에 대한 관점	각도(angle), 측면(aspect), 시각(optique), 견지(perspective), 관점(point de vue)
풀어야 할 문제	문제(problème), 수수께끼(énigme), 골칫거리(casse-tête)
개인의 능력, 기관이나 학문의 관리 분야	능력(compétence), 분야(domaine), 소재(matière), 전문분야(spécialité), 영역(rayon), 부서(secteur)

개념, 의사소통 기능 그리고 문법은 1970년부터 이제까지 유럽평의회의 지원을 받아 출판해온 교육과정 안내지침들이 역사적으로 지주로 삼았던 것들이다. B2의 프랑스어 교육과정 안내지침서는 이것에 머물지 않고, 다음과 같은 4개의 분야에서 새로운 것을 도입하였다.

첫째, 음성 자료 목록에서, B2의 수준에서 학습자 개인이 숙달하는 (음성, 음운뿐만 아니라 악센트, 리듬, 억양과 같은) 음성의 측면들을 소개하고 있다. 전형적인 우리의 학습자가 B2의 수준에서 <프랑스어 철자 가운데 e의 음을 발음하지 않는 현상>을 어느 정도로 숙달할 수 있을까 하는 의문이, 학생들이 음성 수업을 계획하기 이전에 흔히 제기될 수 있다. 교육과정 안내지침에서 이에 대한 대답은 "B2 수준의 화자는 듣기에서 이 묵음을 쉽게 이해하여, 특히 소리를 듣고 철자로 쉽게 옮겨 쓸 수 있다. 표현하는데 있어서는 B2 수준의 화자는 묵음이 일어나는 경우, 묵음을 자유롭게 수행할 수 있다(283쪽)."고 명확히 제시하고 있다.

둘째, 철자 재료의 목록은, B2 수준의 학습자가 알 것이라고 여겨지는 동음이의어(발음이 같은데 의미가 다른 낱말)와 동음이철어(소리는 동일하나 철자가 다른 낱말)에 대한 매우 중요한 목록을 제시하고 있다. 즉 B2 수준의 학생은 대학의 과정에서 'cour(마당), cours(수업), court(짧은), court(뛰다 : courir 동사의 변화)'와 같은 낱말들을 구분할 수 있어야 한다는 것이다(305쪽).

셋째, 학습전략의 목록으로서, 안내지침의 359쪽에서 360쪽을 보면, B2의 수준에 있는 학생이라면, "원어민 화자와 만남을 주선하고, 이끌어나가야 하고, 이에 참여해야 하며" 이 밖에도 "학습일지를 작성할 수 있어야 한다"는 식으로 학습전략을 상술하고 있다.

넷째, 문화 능력의 목록에서, 새로운 것들을 도입하고 있다. 이 마지막 조항을 보다 분명히 할 수 있는 일례를 들자면, 안내지침 341쪽에 제시되어 있는 <표 34>가 그것인데, 여기에서 보는 바와 같이, B2 수준의 학생은 언어 예절을 고의로 지키지 않을 수도 있어야 한다는 것이다. 예컨대, 수업 도중 옆의 학생과 수다를 떨면서 재미있는 수업 내용의 수강을 방해하는 다른 학생에 대하여 말로 공격할 수 있어야 한다고 지적하고 있다.

<표 34> B2 수준에서 문화 능력으로 언어 예절

말로 공격하는 여러 방법들	언어 표현들
품위 있는 방법	이봐요 친구, 그렇게 하지 않았으면 하는데 (Mon petit bonhomme; ça ne va pas se passer comme ça !)
존댓말을 해야 하는 상황에서 반말을 하거나 그 반대로 하는 방법	그러면 가만있지 못하겠지, 안그래 (Tu vas te casser de là, non !)
무례하고 상스럽다고 여겨지는 말을 사용하거나, 모욕을 주는 방법	하나님 맙소사, 조용히 하시지 (Bon dieu ! Taisez-vous !)

이상에서 B2 수준의 학생이 대학의 차원에서나 때로는 일상생활의 복잡한 상호작용을 관리하는데 있어서 갖추어야 할 의사소통 능력이 어떻게 이루어지는지, 그에 대한 여러 요소들을 개관하고 있다. 교육과정 안내지침이 360쪽에 걸쳐 이러한 언어요소들을 자세히 제시하고는 있지만, 그렇다고 해

서 수업을 위한 방향을 제시하고 있는 것은 아니다. 이 교육과정 안내지침은 참으로 『공통기준』이 그러하듯, 유연하고 개방적이며, 공교육이나 평가의 계획에서 의무적인 성격을 지니지 않는다. 이는 특히 교사들, 양성교육의 담당자, 교육계획의 입안자와 책임자들 그리고 교재의 저자들이 공통적으로 사용할 수 있는 언어 교수·학습을 위한 도구이다. 이를 교실에서 어떻게 사용할 것인가? 1970년대에 나온 그 '맏형'인 『입문수준 Niveau-Seuil』의 예를 통하여 우리는 이에 대한 현장에서의 사용방법을 알 수 있을 것이다. 이를 위하여 우리는 이제 교육과정 안내지침의 제작에 대한 간략한 역사와 이를 교실에서 활용하는 방법에 대하여 살펴보려 한다.

교육과정 안내지침의 제작에서 교실의 활용으로

70년대 초반에서 유럽평의회의 활동은 교육과정 안내지침에 대한 제작의 역사로 기록되고 있다 (독자들이 본서에서 소개한 『공통기준』 자체와 포트폴리오 그리고 이제 교육과정 안내지침과 같은 모든 활동들과 출판에서, 유럽평의회의 존재를 주목한다면, 이 점은 놀라울 것이 못될 것이다). 당시 '입문 수준 *Niveaux-Seuils*'이라 불리는 교육과정 안내지침들은, 유럽평의회가 보급한 『성인을 위한 외국어 학습체계 *Systèmes d'apprentissage des langues vivantes par les adultes*』[54]라는 저서에서 제시된 원리들을 체계화시킴으로써, 다양한 학습자들에 대하여 오늘날 B1 수준에 해당하는 의사소통의 (최소한의) 능력에 접근 가능성들을 제공하는 저서들로 소개되었다. 그리고 이를 위하여 사회언어의 측면에 특별한 중요성을 부여함으로써, 화행언어학과 화용론의 원리에 입각하여 언어를 기술하고자 하였다. 이에 첫 번째로 등장한 입문 수준은 영어를 위한 『입문 단계 Threshold Level』 (반 엑 Van Ek, 1977)이었고, 두 번째로 등장한 것이 프랑스어에 대한 『입문 수준 *Un Niveaux-Seuils*』 (코스트 등 Coste et al. 1976)이었다[55].

---

54) 트림 Trim, 리흐트리히 Richeterich, 반액 Van Ek, 윌킨스 Wilkins 1980.

55) 영어 쪽에서 이에 대한 연구 작업이 지속되었던 만큼(영어의 경우 1991년 A2 수준에 대한 「웨이스테이지 수준 *Waystage Level*」가 출판된 뒤에 이어 2000년 B2 수준인 「밴테이지 수준 *Vantage Level*」이 출판되었다), 프랑스어

우선, 교수자들이 이 도구들을 사용한다는 것이 항상 쉬운 일은 아니었는데, 그 이유는 언급된 (의사소통 기능, 개념, 문법이라는) 세 분야에서 어떤 것을 교수내용으로 가져다가 어떻게 연결시켜 쓸 것인가는 어려워 보였기 때문이었다. 그러나 이러한 입문 수준들은 의사소통 접근방법의 매우 다양한 여러 교육재료들을 제작하는데 토대가 되었고, 그래서 수업에서 취급되는 원리들을 살펴보는 것은 흥미로운 일이라 여겨진다. 이제 우리는 이들 교재들 가운데 두 가지 예를 통하여 이러한 입문 수준들에서 개발된 제안들이 외국어로서 프랑스어 교실에 어떻게 적용될 수 있는지 그 방법을 구체적으로 분명히 살펴보려 한다. 첫 번째의 예로는 의사소통 기능에 바탕을 둔 『프랑스어 의사소통 *Communiquer en français*』 이라는 교재이고, 다른 하나는 『입문 수준 *Un niveau-seuil*』 의 저자들 가운데 한 사람인 꾸르띠용 J. Courtillon이 제작한 『아르쉬펠 Archipel』 이라는 교재인데, 이 교재들은 문법의 새로운 접근방법인 개념 문법을 활용하였다[56].

『프랑스어 의사소통』 이라는 교재의 저자들(1991:8)은 이 책의 관점과 방법에 대하여 "이 책의 내용과 그 구성 그리고 제시된 활동들은, 의사소통 기능을 규명하고 목록화하며 서로 연결할 수 있는 언어의 화용론적인 접근방법에 토대를 두고 있다 (『입문 수준』 *Un niveau-seuil*을 참조할 것)."고 주저함이 없이 분명히 밝히고 있다. 이 교재는 구성단위(모듈)가 되는 단원을 8개로 구성하고 있고, 각 단원은 각각 4~5개의 의사소통 기능으로 이루어져 있다 (예를 들어 단원 4는 '불평하기, 경계하기, 감정을 표현하기, 단언하기' 라는 의사소통 기능으로 학과가 구성되어 있다). 각 학과는 기준의 역할을 하는 2개의 발화로 시작한다. (예컨대, '불평하기'라는 의사소통 기능을 다루는 학과를 보면, "기다리기 지쳤어요. J'en ai assez d'attendre", "아이고 골치 아파요 Ce que j'ai mal à la tête" 라는 발화로 시작하고 있다.) 이어서 상황에 따라 일단의 여러 다양한 실현들을 나타내는 발화의 목록들을 제시하고 있고 (계속해서 '불평하기'라는 기능을 보면 "일에 몰려 있어요 Je

---

쪽에서도 B2 수준을 다루는 연구 작업이 있으려면 대략 30년은 필요할 것이다. 이렇게 상황이 다른 데에는 여러 가지 복잡한 이유와 원인이 있는데, 이에 대해서는 여기에서 자세히 다루지 않으려 한다.

56) 시꾸렐 외 F. Cicurel, E. Pédoya & R. Porquier (1991), 『프랑스어 의사소통 *Communiquer en français*』, Hatier/Didier 꾸르띠옹 외 J. Courtillon & S. Raillard (1982), 『아르쉬펠 *Archipel*』, Didier.

suis débordée de travail", "그 사람 조심하지 않을 거예요 Il ne peut pas faire attention.", "잠을 못 자요 Je dors mal." 등과 같은 발화들이 제시되어 있다), 이어서 이러한 것들에 대한 공부는 유머와 상상력을 개입시키는 여러 다른 활동들을 통하여 이루어진다. 일련의 이러한 교재들은 정해진 교육목표에 따라 프랑스어 학습의 여러 다른 수준의 청소년이나 성인을 대상으로 제작된 것으로(초보 수준을 위한 수업에서 시작의 발단으로 쓰일 수 있고 또는 고급 수준에서는 사회언어적인 용법을 이해하게 하는데 사용될 수 있다), 의사소통 기능의 범주와 의사소통 상황에서 의사소통 기능들의 사용을 활용한다. 문법 수업을 하지 않는다. 그러나 여기에서의 문법은, 문법의 형태와 구조가 의사소통 상황에서 의사소통의 의도에 따라 달라지는 발화의 의미작용과 발화의 사용을 결부시키는 의사소통의 기저 문법이다.

『아르쉬펠』이라는 교재가 지향하고 있는 것도 또한 의사소통의 개념문법이다. 200시간으로 헤아려지는 프랑스어 학습 시간에 학습자에게 요구하는 기능적인 방법과 문법적인 방법은 다음과 같다. 즉 대화를 이해하기(경우에 따라서는 암기하고 놀이하기), 의사소통 기능을 파악하기, 『입문 수준 Un niveau-seuil』의 자료집을 활용하여 연습하기, 적용 연습하기와 같은 방법이다. 따라서 의문문의 형태나 명령문의 형태를 가르치지 않는다(명령문은 예의나 범절이라는 이유에서 흔히 배제된다). 그러나 정보를 요구하기나 누군가에게 무엇인가를 하라고 요구하기 나아가 명령하기를 배운다. 한편 여기에서 학습자들이 실현해야 할 개념화의 공부를 강조한다. 여기에서 중요한 것은, 교수자가 학습자로 하여금 규칙이나 기능방법을 이해하도록 유도하는 것이며, 이어서 발화들을 상황이나 맥락 속에 개입시키고 나서 일상생활의 의사소통 상황 속에서 이러한 발화들을 공부하게 하는데 유념함으로써 이러한 규칙이나 기능방법을 분명히 이해할 수 있도록 이끄는 것이다. 교재를 가지고 공부하지 않을 경우에는, 교수자로서 아무튼 교육과정 안내지침의 목록들을 활용할 수 있을 것이다. 교육과정 안내지침을 다룬 본장을 마무리하기 위하여, 이어서 교육과정 안내지침을 사용할 수 있는 간단한 방법을 두 가지 측면 살펴보고자 한다.

수업에서 교육과정 안내지침의 사용 방법

첫 번째 사용 방법은 (매우 간단한 것으로) 교육과정 안내지침 가운데 일부분을 선택하고, 이를 바탕으로 교실 활동들을 만드는 것이다. 예컨대,

수업에서 B2 수준의 우리 학습자에게 조응적인 관계에 관심을 갖게 하려면, 교육목표에 따라서 그리고 보다 특별히 공부하고자 하는 활동에 따라서 다음과 같은 하나 또는 여러 과제를 실현하는 일을 선택할 수 있을 것이다 (<표 35>를 참조할 것)57).

<표 35> 교실에서 교육과정 안내지침의 사용방법
조응적인 관계 (첫 번째 접근방법)

활동	과제 유형	가능한 도움자료
문어 이해 또는 구어 이해	(어휘와 문법의) 조응적인 관계 체계를 파악하기	사건 기사 예 : 스위스의 복권을 조사한 결과, 6개의 번호를 맞춘 단 한명의 당첨자가 있었다는 것이 밝혀졌다. 따라서 이 당첨자는 걸려 있었던 350만 프랑을 받아갈 것이다. 5개의 번호와 그 다음의 번호를 확인하게 될 행운의 당첨자는 10명이 될 것이다.
문어 표현 또는 구어 표현	사건기사를 작성하기 또는 이를 소개하기	관련 인물, 장소, 사건이라는 세 가지 정보를 명시한 사건기사의 골자 예 : 흰색의 캐딜락 승용차, 자전거 주행자, 보행자
문어 상호작용 또는 구어 상호 작용	인터뷰하기	유명 인사의 전기
구어 중재 또는 문어 중재	체계적인 텍스트를 만들기	노트하기 예 - 이태리에서 지난여름부터 지속되는 가뭄 - 피사의 사탑을 더 한층 기울어지게 할 위험 - 넉 달 동안 겨우 8회의 강수 → 지하 수층이 40미터로 내려감 → 지반의 침하

57) 그 자세한 예시들에 대해서는 레슐레 베글렝 외 Reichler-Béguelin M.-J. et al.(1990:68-97)을 참조할 수 있을 것이고, 다음은 여기에서 제시된 것이다.

<표 36> 교실에서 교육과정 안내지침의 사용방법
조응적인 관계 (두 번째 접근방법)

능력/의사소통 능력과 전략	언어 능력	사회언어 능력	화용 능력
표현할 내용을 계획하기	개념 : 학생이 선택한 분야에 대한 특수 개념	문화 능력 : 열린 공간에서 토론에 참여함 가치 판단을 표현하고 이를 구축할 수 있는 능력 매체나 사회과학에 출처를 둔 정보와 분석들을 찾고 이용할 수 있는 능력	기능 : 관점을 표현하기 자신의 발언을 체계화하기 계획과 전개를 알리기 이야기를 소개하기 주제를 전개하기 이야기에 변화를 주기 요약하기 자신의 발언을 결론짓기
표현 형식을 계획하기	**문법** : 조응소의 도입 논리의 연계사	**문화 능력** : 문화의 다양성 속에서 상호작용의 언어 형태와 관련되는 지식과 사용 능력	**기능** : 자신의 발언을 체계화하기 스스로 교정하기 고쳐 말하기 낱말이나 문장을 찾기 어떤 낱말이나 표현에 대하여 도움을 요청하기
상황과 청자들의 경우에 따라 (화체, 어조, 리듬, 강세와 같은) 구어의 형태를 적절히 사용하기	**음성 자료** : 리듬, 강세, 연독, 연음, 'e' 묵음과 같은 음성 능력		

능력/의사소통 능력과 전략	언어 능력	사회언어 능력	화용 능력
재작성의 표지나 자기교정의 표지를 사용하기		<u>문화 능력</u> : 오해할 위험들을 규명하기 가담한 원어민 화자와 이러한 오해를 언어적으로 명시할 수 있는 능력	<u>기능</u> : 자신의 발언을 체계화하기 스스로 교정하기 고쳐 말하기 낱말이나 문장을 찾기 어떤 낱말이나 표현에 대하여 도움을 요청하기
친교적인 표지를 사용하기	<u>문법</u> : 어법과 발화	<u>문화 능력</u> : 프랑스에서 언어 예절에 대하여 청중 앞에서 말하기 양태에 관련된 지식과 사용능력	
정의하고 해석하는 방법들을 사용하기			<u>기능</u> : 자신의 발언을 체계화하기 예를 들기 인용하기 강조하기 명시하기
(빈정대기, 음성 모방 등과 같은) 자신의 '타고난' 개인적인 언어 습관의 특징들을 변화시켜 활용하기		<u>문화 능력</u> : 여러 가지 사회적인 신분을 관리할 수 있는 능력 특이한 행위들에 대한 적용 여부와 그에 따른 결과	

두 번째 방법은 (매우 복잡하고 시간이 매우 많이 들지만, 매우 체계적인 방법으로) 다루어지는 여러 다양한 영역들을 바탕으로 교수 내용을 연계시키는 것이다. 이와 같이 우리의 다양한 B2 수준의 학습자에 대하여 말하기와 혼자 말하기 공부를 선택하게 된다면, 이 수준에서 "학습자는 학습자의 관심 분야와 관련되는 폭넓은 주제에 대한 명확하고도 자세한 기술을 할 수 있다"라고 목표를 지적하고 있는 『공통기준』(49쪽)의 설정기준을 선택한다. 이때 B2 수준에 대한 교육과정 안내지침에 있는 자료들을 동원하는 장치 속에서 조응소의 도입을 개입시켜야 할 것이다(<표 36>을 참조할 것).

간단히 말해서, 진정한 수업계획은 학습자의 관심과 교육목표에 따라 학습자와 협의할 수 있으며, 이에 따라 우리가 앞서 제시한 첫 번째의 사용 방법에서 제시된 유형의 과제들을 만들어 낼 수 있어야 한다.

우리 학생이 이런 준비가 갖추어질 때, 예컨대, 분재 재배 기술과 같은 주제에 대하여 15 여분 동안 혼자 말하기에 능동적으로 참여하게 된다. 이어서 이러한 구어 표현에 다한 평가 방법을 살펴보면 다음과 같다.

교육과정 안내지침을 바탕으로 공부한 이후의 평가 방법

이 분야에서도 두 가지 방법이 있다. 하나는 '전형적인' 방법이고, 다른 하나는 『공통기준』의 근거들을 온전히 동원하는 방법이다.

첫 번째 평가 방법은 '혼자 말하기' 설정기준에 있어서 학습자가 자신의 표현을 다양하게 하여 반복을 피함으로써 (다시 말해서 조응소의 도입을 활용함으로써) 분명하고 체계적인 기술을 할 수 있는지 여부를 평가하는데 있다. 이때 예컨대 <표 37>과 같은 평가기준표와 20점 만점의 채점표가 설정될 것이다.

<표 37> 혼자 말하기에 대한 평가기준표의 예시

기준	부여 점수					
발언의 명확성과 통일성	0	1	2	3	4	5
조응소 도입의 사용	0	1	2	3	4	5
다양하고 정확하며 적절한 단어	0	1	2	3	4	5
형태통사법	0	1	2	3		
발음의 정확성, 어조, 유창성	0	1	2			

또 다른 평가 방법은 보완 방법으로써, 「공통기준」의 설정기준을 한층 더 활용하여 평가기준 일람표를 만드는 것이다. 「공통기준」은 사실상 구어와 문어의 표현을 평가하기 위하여 13개의 질적인 기준들과 이 기준 각각에 대한 성공의 수준을 제시하고 있다. 그 기준은 다음과 같다. 일반적인 언어 범위, 어휘 숙달, 문법 정확성, 음운체계 숙달, 정서법 숙달, 사회언어적인 정확성, 유연성, 표현법, 주제 전개, 통일성과 결합성, 구어의 유창성, 정확성에 대한 것이다. 그러나 혼자 말하기에 대하여 10개의 적용 기준을 선택한다는 것은 너무 지나치다. 우선 과제의 실현에 근거해서 (예컨대 주제의 전개 그리고 통일성과 결합성이라는 기준), 그리고 언어적인 측면에 근거해서 (예컨대 어휘의 범위 그리고 문법의 정확성이라는 기준) 4개의 기준을 취하는 것이 큰 무리가 없을 것이다. 그러면 구체적으로 평가를 수행할 수 있는 방법은 무엇인가? 이를 위해서 우리는 통일성과 결합성의 기준을 예로 들어 보고자 한다. 만약 어떤 학생이 B2 수준으로 명시된 조건들을 충족시키고 있다면, 이 기준에 있어서 최대 5점을 얻게 될 것이다. 그리고 이 학생의 표현이 A2 수준 이상이라면, 3점을 얻게 될 것이다. 이런 식으로 모든 기준들에 대한 평가가 이루어진다(「공통기준」의 88쪽과 다음의 <표> 38을 참조할 것).

<표 38>

평가 예시

통일성과 결합성의 기준

수준	설정기준	점수
B2	자신의 관련 분야에 관한 주제와 가장 보편적인 주제에 대하여 많은 어휘들을 알고 있다. 다양하게 표현함으로서 반복을 계속하는 것을 피할 수 있지만, 여전히 어휘가 부족하여 머뭇거리고, 다른 말로 바꾸어 사용한다.	5
B1	가정, 여가, 관심, 업무, 여행, 시사문제와 같은 일상생활에 관한 대부분의 주제에 대해서 우언적인 표현을 사용하여 표현할 수 있을 만큼 충분한 어휘들을 알고 있다.	3
A2	친숙한 상황에서 친숙한 주제에 대하여 일상적인 대화를 수행하기에 충분한 어휘를 알고 있다.	1

유럽평의회, 2001.

이러한 평가 장치야 말로 학습자가 할 수 없는 것이 무엇인가 또는 학습자가 범한 오류의 수가 얼마나 되는가가 아니라 학습자가 할 수 있는 것이 무엇인가를 교수자가 평가하도록 이끈다. 교육과정 안내지침에 바탕을 두어 공부한 덕분에 잘 준비된 우리의 학생이 언급된 기준들 각각에 대하여 최대 점수인 20점을 얻게 된다면, 그것도 수차에 걸쳐 반복된다면, 구어 표현에 관한 한 B2 수준의 능력에 진정 도달한 것으로 보이지만, 아직은 언어의 완벽한 숙달에는 도달하지 못하였다 하더라도 이것이 매우 좋은 점수라는 것을 무엇보다도 먼저 우리 학생이 믿을 수 있게 할 것이다.

우리는 『공통기준』의 설정기준을 진정한 의미에서 활용할 수 있는 교육과정 안내지침이라는 이 같은 도구들을 소개하는 것으로부터 시작하여, 평가의 문제에 도달하게 되었다. 기존의 시험에서 『공통기준』에 근거를 두는 시험으로의 이행은 어떻게 이루어지고 있나? 오늘날 외국어로서 프랑스어에 대한 증명과 인증은 어떻게 이루어지고 있는가? 바로 이러한 것들이 다음 장에서 다루게 될 문제들이다.

제 7장

기존의 시험과 「공통기준」의 관계 그리고 기타 문제들

평가는 『공통기준』을 거론할 때, 가장 많이 다루어지는 핵심 문제임에 틀림없을 것이다. 그 이유는 유럽의 차원에서 교부되는 모든 인증과 증명들이 『공통기준』이 정한 수준들과 설정기준들과 조금씩 보조를 맞추어나가고 있다는 점이 분명하다는 데 있다. 평가와 관련된 기존의 이론적인 측면들이 『공통기준』으로 인해 폐지된 것은 아니다. 이 점은 따글리앙뜨 Tagliante가 1991년과 2005년에 저술한 평가에 관한 두 권의 저서*를 비교해 볼 때 분명히 드러난다. 즉 두 권의 책 모두가 평가의 중요 기능들(방향설정에 사용되는 예측 기능, 조절에 사용되는 진단 기능 그리고 입증에 사용되는 점검 기능)과 교육목표의 실제에 따른 평가 원리, 말하기와 쓰기 평가의 원리 그리고 (선다형 문항, 빈칸 넣기 텍스트 또는 간단한 주관식 답을 요구하는 문항 등과 같은 평가활동의 유형과 모형을 통한) 평가활동의 설계와 같은 것들을 공통적으로 다루고 있다는 것은 쉽게 발견할 수 있을 것이다.[58]

그러면 이 두 권의 책에서 바뀐 것이 무엇인가? 근본적으로 달라진 것은 『공통기준』의 설정기준을 활용한다는 점이고, 이에 따라 평가할 수 있는 방법을 적용할 필요성이 있는 점이다. 바로 이러한 측면이, 외국어로서 프랑스어 분야에서 (일반적으르는 외국어 교수·학습의 분야에서) 평가의 지평에 변

---

* 역주 : 그 중 하나는 1991년에 발간된 『평가』 *L'évoluation* 라는 책이고, 다른 하나는 2005년에 출판된『평가와 유럽의 공통참조기준』 *L'évaluation et le Cadre européen commun, nouvelle édition* 이라는 책이다.

58) 우리의 논제 속에는 평가의 바탕이 되는 개념들을 소개하는 일이 들어 있지 않다. 여기서 우리가 관심을 갖고자 하는 것은 「공통기준」의 적용을 통해 야기되는 변화이다

화를 가져온 핵심이 되며, 우리는 본장에서 이를 도화선으로 삼아 「공통기준」이 평가에 대하여 어떤 권고들을 하는지 하나하나 점검해 보고자 한다. 이러한 점검을 통하여 우리는 「공통기준」을 보완할 목적에서 마련되는 『공통기준과 기존의 시험들을 연계하기 위한 교재』를 살필 수 있을 것이다.

「공통기준」과 평가

「공통기준」의 9장은 평가를 중점적으로 다루고 있다. 9장이 우선적으로 강조하고 있는 것은 다음과 같은 네 개의 핵심적인 요점들이다. 첫째, 언어 사용 분야에 대한 중요성과 수행되어야 하는 의사소통 과제가 지닌 역할의 중요성이며, 아울러 교육과정 안내지침에 제시된 내용을 명시해야 한다는 점이다. 두 번째로 강조하고 있는 것은 설계해야 할 평가의 유형을 위하여 의사소통 활동의 설정기준과 특수한 능력의 측면들에 대한 설정기준이라는 두 가지 유형의 설정기준의 사용이다. 셋째, 평가 기준을 선택하기 위한 설정기준의 활용을 강조하고 있으며, 마지막 네 번째로는 테스트와 평가를 만드는 데 있어서 척도의 중요성을 강조하고 있다. 이어서 평가와 관련하여 중요하게 구별되고 있는 13가지의 일반적인 평가의 실제 유형들을 제시하고 있다.

이 평가의 유형들이 서로 어떻게 다른지 이해를 돕기 위하여 「공통기준」은 135~147쪽에서 이에 대한 기본 원리들을 집중적으로 아주 명확하게 제시하고 있는데, 이를 참조하면 될 것이다. 이러한 교육학의 핵심 개념을 분명히 밝히는 일이 또한 「공통기준」이 지닌 특징 가운데 하나이며 나아가 임무 가운데 하나라는 것을 상기할 필요가 있을 것이다(<표 39>를 참조할 것). 이러한 대립 가운데 어떤 것은 적절성의 측면에서 비판될 수 있고, 이와는 다른 조합이 선호될 수도 있겠지만, 그럼에도 불구하고 이러한 제시가 지닌 유익한 점은 높이 평가될 수 있을 것이다. 이러한 두 가지 유형의 평가는 「공통기준」에서 정의된 수준들과 연계시킬 수 있기 때문에 서로 대조할 수 있다는 점에서, 교수목표의 숙달을 검증하기 위하여 만든 평가활동이 명확한 계량 심리적인 장점을 지닌 국가(국제)적인 시험이나 테스트 못지않게 매우 가치가 있다는 점을 교수자들에게 인식시켜 준다는 점에서 그러하다(따글리앙뜨 Tagliante, 2005, 3장).

<표 39> **평가의 변수 목록** (**「공통기준」** 136 쪽)

1	지식 지향 평가	능력 지향 평가
2	준거 지향 평가	규준 지향 평가
3	결과 지향 평가	과정 지향 평가
4	상시 평가	적시 평가
5	형성 평가	총괄 평가
6	직접 평가	간접 평가
7	수행 평가	지식 평가
8	주관적인 평가	객관적인 평가
9	척도에 따른 평가	점검 목록에 따른 평가
10	기준이 배제된 판단	기준에 입각한 판단
11	종합 평가	부분 평가
12	전체 평가	범주별 평가
13	검사자에 의한 평가	자기 평가

유럽평의회, 2001

「공통기준」 9장의 세 번째 항목(평가의 유형)과 마지막 항목(평가의 실제와 평가체계)은 평가자가 제시된 설정기준의 여러 다른 범주들 가운데 무엇을 선택해야 하는지를 다루고 있다. 여기에서 다음의 조언을 명심할 필요가 있을 것이다. 모든 범주를 평가하려고 하지 말고 그 중에 4~5개 정도를 평가하는 것에 만족하라는 조언이다 (이를 넘어서면 "인지적으로 감당 못할" 위험이 있다고 「공통기준」은 명시하고 있다(145쪽).

이 9장은 「공통기준」의 평가에 대한 이론적인 지식을 새롭게 하는데 매우 유익하지만, 실제의 측면에서의 지침들을 거의 제공해 주지 못하고 있다. 따라서 이것 말고 다른 것들을 살펴볼 필요가 있을 것인데, 최근 간행된 평가에 관한 저서들이나, 기존의 시험들을 「공통기준」에 연계시킬 수 있고, 특히 시험 출제자들을 대상으로 하는 교재를 살펴볼 필요가 있을 것이다.

설정기준에 따른 평가 방법

수많은 교수자들이 처음부터 기정사실로 여기고 있는 것을 보면, 「공통기준」의 설정기준이 평가활동에 직접적인 실마리를 제공하지 않고 있다는 것이며, 능력과 관련된 설정기준의 형식들로는 각 개인이 특정한 수준에서 할 수 있는 것이 무엇인지는 기술하고 있겠지만, 관찰 가능한 기대되는 언어수행 능력에 대한 것은 종종 결여되어 있다는 것이다. 이러한 언어수행 능력이 어떠한지를 결정하기 위해서는, 어떤 언어 내용과 어떤 화용 내용이 필요한지를 특히 분명히 할 필요가 있을 것이다(앞에서 제시한 조응소 도입을 위한 일람표의 예를 참고할 것). 따글리앙뜨 Tagliante는 이를 위하여 2005년의 책 4장에서, 교육목표 교육학의 이론가들의 연구 바탕에 입각하여, 다음과 같은 8단계에 따른 '명세표'를 작성할 것을 제안하였다.

<표 40> 「공통기준」의 설정기준을 평가하기 위한 명세표 작성

1 단계 : 적절한 수준에서 습득하고자 하는 능력에 대한 설정기준을 선택한다.
2 단계 : 설정기준이 실현해야 할 의사소통의 언어 과제에 부합하도록, 경우에 따라서 설정기준을 다시 만든다.
3 단계 : "목표하는 능력을 숙달하려면 무엇을 할 줄 알아야 하는가?" 라는 질문을 하면서 공부해야 할 능력을 분명히 결정하고 기술한다. 하나의 설정기준을 4~5개의 능력으로 국한시켜 제시한다.
4 단계 : (어떤 능력을 습득하는데 있어서 관련되는 모든 요소들을 동일 관점에서 자세히 밝히는) 명세표를 보완하여 제시한다. 수직선으로 분명히 결정된 능력으로 다시 설정한다. 필요한 경우에는 중심이 되는 경우를 표시해 둔다. 동일 경우에서는 습득시켜야 할 요소들이 무엇인지를 명시한다. 이러한 요소들을 교실활동의 어떤 유형으로 습득시킬 것인지를 모색한다.
5 단계 : 목표 능력의 숙달 정도를 평가할 수 있을 '습득 지침'을 제시한다.
6 단계 : 이 지침들을 관찰 가능할 수 있도록 분명하게 작성한다.
7 단계 : 선택된 평가유형에 어떤 평가도구의 유형이 적합한지를 제시한다.
8 단계 : 평가 활동을 만든다.

다음의 예시(따글리아뜨 Tagliante, 상게서 64쪽)는 이 방법을 보다 명확하게 보여준다. ("소식을 물을 수 있고, 이에 대하여 답할 수 있다"는 것을 교육목표로 하는) A1 수준의 '회화'의 설정기준을 출발점으로 삼아, (만나고 인사하기, 질문하기, 설명을 요구하기, 간단한 질문에 답하고 헤어지기와 같이) 소식을 묻고 이에 답하기에 필요한 것으로서, 수업의 각각의 전개단계에서 습득되어야 할 언어 능력, 사회언어 능력, 담화능력, 전략 능력들을 명시하기에 이르고 있다. 다음은 만나서 인사하기와 관련되는 첫 번째 수업의 단계를 명시한 것이다.

<표 41> **명시화 도표의 일부**

내용	만나서 인사하기 위한 능력
언어 능력	
형태통사	단문
단어	적절한 화체에 따른 인사하기의 표현
음성	음성 규칙과 음조 규칙의 준수
사회언어 능력	
사회언어 사회문화	상대 대화자에게 적합한 기본적인 사회 접촉
담화 능력	
통일성	문맥에 맞는 '그리고', '그러나', '그러면'의 사용
전략 능력	
언어와 비언어 대한 능력	미소 짓기

이러한 명세화 도표를 통하여 구체적으로 무엇을 평가해야 하는지를 알게 된다. 이는 설정기준에 적응하고 교실에서 이것을 활용할 수 있게 하기 위한 여타의 방법들 가운데 한 가지 방법이다[59].

---

59) 이러한 실제를 훈련하기 위해서는 따글리앙뜨 Tagliante(2005)나 벨트체프 Veltcheff & HIlton(2003)에 제시된 평가항목의 예시들을 사용할 수 있을 것이다.

시험과 「공통기준」의 연계를 위한, 준거 기준으로서 교재

어떤 도구이든 매우 유용하고 신뢰할 수 있기 위해서는 그것은 「공통기준」과 나아가 기존의 언어 시험들을 뒷받침하는 교재들을 활용하기 마련이다. 이런 교재는 시험의 출제자들이 모든 언어 시험을 정의된 6개의 수준들과 연계시켜 출제할 수 있도록 돕는 것을 근본 목적으로 삼는다. 구체적으로 시험에는 무엇을 포함시킬 것이고, 그 작성과 분석 방법들을 어떻게 기술할 것이며, 시험 결과를 「공통기준」의 수준들과 어떻게 연계시키며, 결국은 시험을 「공통기준」에 고정시키기 위한 일련의 방법을 어떻게 설명한 것인가 하는 조언들을 아끼지 않는다.

<표 41> 언어시험을 「공통기준」에 연계시키기 위한 접근방법

교재는 다음과 같은 4개의 일련의 방법들을 제시할 것인데, 이 방법들은 서로가 밀접한 관계를 맺고 있다. **친숙화의 방법** : 연계 작업에 참여하는 이들이 「공통기준」을 자세히 안다는 것을 분명히 할 수 있는 활동들을 선택하는 것이다. **명시화의 방법** : 「공통기준」에 제시된 범주와 관련하여, 시험에 포함되는 것(내용과 과제의 유형)에 대한 목록을 만드는 것이다. **표준화의 방법** : '참조 수준'을 보편적으로 이해할 수 있게 하는 방법들을 제시하는 것이다. **경험적인 효율화의 방법** : 시험 그 자체뿐만 아니라 시험을 「공통기준」에 연계시키는 것이 효율적이라는 것을 보여줄 수 있는 테스트 자료들을 수집하고 분석하는 일이다. 여러 다른 상황에 따라 적용되는 적절하고도 신뢰할 수 있는 효율성을 위한 제안들과 기준들을, 유럽평의회 사이트에 나오는 "교재 모형의 전체적인 조망"에 의거하여 제시한다.

「공통기준」의 설정기준에 익숙해지기 위하여, 「공통기준」의 여러 수준에서 언어를 숙달했다고 여겨지는 대화자들에 대한 일련의 비디오 녹화들을 사용하는 것인데, 이를 통하여 관련 언어들과 유관 기관에 따라 이러한 수준들에 대하여 어떻게 해석하는지를 직접 확인할 수 있을 것이며, 이는

이러한 교재에서 제시되고 있는 방안들 가운데, 매우 구체적이고 유용한 구현방법이 된다[60]. 외국어로서 프랑스어의 시험들과 인증들은 앞서 기술한 이러한 도구들에 바탕을 두고 개정되어 왔다. 따라서 「공통기준」은 외국어로서 프랑스어 분야에 대한 모든 평가에서 준거 기준이 되고 있다[61]. 인증들 사이에 가교를 놓을 수 있게 하고, 그 결과로 학생들의 이동을 용이하게 할 수 있다는 점은 이론의 여지가 있을 수 없는 「공통기준」의 장점이다.

이와 같이 「공통기준」을 참조하여 제작된 도구들(즉, 포트폴리오, 교육과정 안내지침 그리고 「공통기준」의 수준들에 맞춘 시험들)은 각각 「공통기준」의 이론적인 제안과 교실의 실제를 연결시키는데 나름대로 기여를 하고 있다. 그렇지만 교수자들은 이와 같이 치밀하고 체계적인 「공통기준」에 직면하여, 여전히 많은 질문들을 종종 제기하고 있다. 이어서 다음 3부에서는 이러한 질문들과 비판들을 살펴보고 이에 대하여 대답하고 설명할 수 있는 정보들을 제시해보고자 한다.

---

60) 유럽평의회가 제작한 구어 표현(말하기) 용도의 DVD와 문어이해(읽기)와 구어이해(듣기) 과제 용도의 CD는 유럽평의회의 언어정책국에서 사용되고 있다.

61) 보다 일반적으로 말해서 「공통기준」은 평가에 있어서 국가 교육의 차원에서 준거기준이 되었다.

제 3부

「공통기준」에 대한 질문과 비판

「공통기준」이 오늘날 준거 기준의 도구로서 널리 보급되어 있기는 하지만, 비판으로부터 자유로운 것은 아니다[62]. 어떤 비판은 이론적인 기초와 제시된 방법론적인 사고의 모호성과 같이 이론적인 측면에 근거를 두고 있지만, 또 어떤 비판은 이론과 실제를 결부시키고 있기도 하다(특히 여기서 비판받고 있는 것은, 다언어 능력과 다문화 능력 그리고 사회문화 능력에 대한 평가 척도가 없는 점, 커리큘럼을 전개하는데 있어서 링구아프랑카로서의 영어의 역할을 중시하지 않는 점, 특히 문체와 제시의 측면에서 설정기준의 일관성이 결여되어 있는 점, 「공통기준」에는 어휘나 문법 테스트의 기초로 직접 활용할 수 있는 자료들이 결여되어 있는 점이다). 이와 같이 비판들이 많이 있지만, 이에 대한 최선의 해법은 「공통기준」을 부분적으로 고쳐 쓰는데 있을 것이다. 정확히 말해서 우리가 3부에서 관심을 갖는 것은 일상에서 「공통기준」을 사용하는(또는 사용해야만 하는) 교수자들이 현장에서 제기하는 문제와 비판들이다. 3부는 질문과 대답의 형태로 이루어지는 두 개의 장으로 구성되어 있다. 그 첫 번째 장(제8장)에서는 현장에서 행동 접근방법을 설정하는데 있어서 제기되는 문제와 해법을 다룰 것이고, 두 번째 장(제9장)에서는 「공통기준」을 주어진 상황에 따라 어떻게 적용해야 하는지에 대하여 살펴보고자 한다.

---

62) 예컨대 뿌렌 Puren의 논문(2000c와 2006d)을 참조할 것

제 8장

행동 관점의 설정

「공통기준」을 적용하면서부터 곧바로 혼동에 빠져들 우려가 있는(이미 빠져들고 있는) 것이 교수자들의 수업의 실제이다. 특히 행동 관점을 설정하는 문제와 관련해서, 교수자의 일상의 모든 측면에 영향을 주는 다음과 같은 질문들이 제기되는 것은 당연하다. '행동'이라는 개념은 어떤 것들과 관계를 맺고 있는가, 웹 2.0이라는 도구를 어떻게 설정할 것인가, (의사소통 접근방법에서 비롯된) 오늘날의 실제와 (행동 관점 쪽으로 방향이 설정된) 미래의 실제들을 어떻게 연계시킬 것인가, 그리고 능력과 과제를 어떻게 다루어야 할 것인가 하는 질문이다. 이런 것들 못지않게 교실 관리와 관련되는 측면도 있는데, 이에 대해서 이어서 살펴보고자 한다.

행동 접근방법의 설정

현장에서 제기되는 첫 번째 질문 : **「공통기준」은 '행동'이 정확하게 무엇을 의미하는지 명확히 설명해주지 못하고 있다. 이를 파악할 수 있는 방법은 무엇일까? 행동이란 개념이 수업의 실제 속에 통합될 때, 이 개념은 교수자라는 (우리의) 직업에 어떠한 변화를 요구하는가?**

우리는 제2장에서 제시한 바 있는 언어적인 행동과 비언어적인 행동 간의 밀접한 연결 관계 말고도, (특히 2006c의 논문에서) 쀠렌 Puren이 행동이란 학생들이 수업과정을 마친 후 외국의 언어문화 사회에서 할 수 있기를 바라는 것이라고 지적하는 구분을 주목할 수 있을 것이다. 즉, 쀠렌은 행동 관점에 함축되어 있는 수행활동을 세 가지 유형으로 크게 구분하고 있는데, 이는 다음과 같은 교수 수행활동으로 모형화된다.

- '사회적인 또는 사용의' 수행활동 : 이는 (구어와 문어로 다른 사람들과 수행할 줄 알기라는) 언어학습의 최종 목표로 구현된다 .

- '학교 또는 학습의' 수행활동 : 이는 사회적인 수행활동을 습득하기 위하여 학습자가 실행해야 할 일단의 과제의 총체로 구현된다.
- 학습의 개인적인 수행활동

이상과 같이 서로 다른 면면들은 다음과 같은 도표로 종합될 수 있을 것이다.

<도표 11> 완전한 사회로서 교실에서의 수행활동 유형

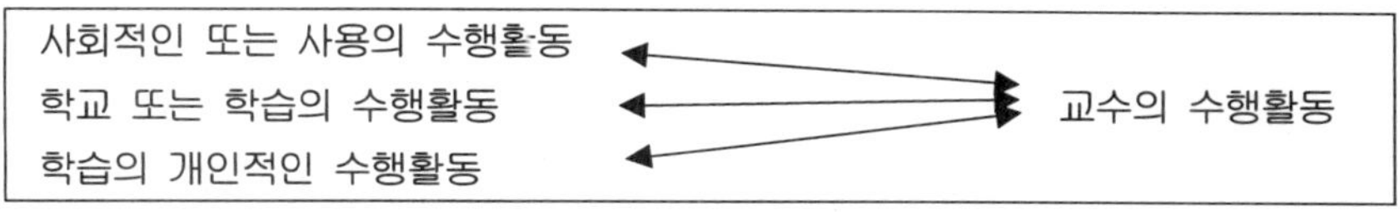

이론과 교실의 실제 간의 연결 관계 그리고 이에 따른 교수자 수행활동의 변화를 그 전체 속에서 파악하기 위해서는 이 같은 서로 다른 측면들을 분명히 밝힐 필요가 있을 것이다.

프랑스에서 대학 과정에 적응하려는 일본의 한 여학생의 예를 들어보자. 위의 도표에서의 **사회적인 사용의 수행활동**에는 다음과 같은 프랑스 대학의 일상의 실제들이 포함된다. 강의식 수업에서 노트할 줄 알기, 발표할 줄 알기, 또는 초대를 구어로 받든, 문자 메시지나 이메일 등 문어로 받든 수업 내용을 주고받거나 커피를 마시러 가기 위해서 이 같은 다른 학생들의 초대에 답할 줄 알기와 같은 것들이다. 외국어로서 프랑스어 교재들은 사회적인 사용의 수행활동과 관련되는 그러한 문어 예시들을 제시하고 있는데, 이는 <도표 12> (이 도표는 미켈 C. Miquel 2009, *Vite et bien* 1, CLE international의 155쪽에서 가져온 것이다)가 보여주는 바와 같다.

이 일본 여학생은 이러한 사회적인 사용의 수행활동의 자료들을 교실에서 여러 다른 과제들을 수행함으로써 배울 수 있을 것이다. 달리 말해서 이는 학습의 수행활동을 전개함으로써 가능할 것인데, 예컨대, 교수자의 지도하에 자신의 문어 상호활동에 대한 능력을 연마하고 자신의 자율성을 증대시킬 수 있는 '컴퓨터 이용 활동'이나 '그룹의 이메일 이용 활동'에 참여

<도표 12> **외국어로서 프랑스어 교재 속에 사용된 사회적인 사용의 수행활동에 대한 예시**

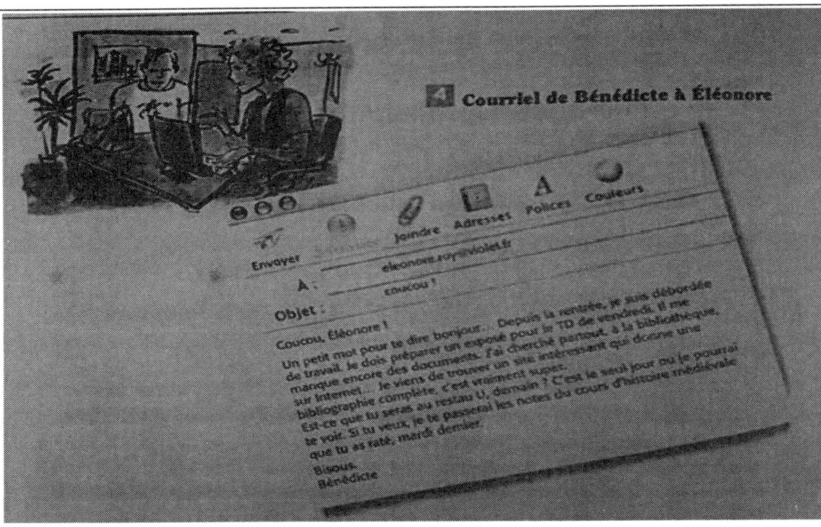

엘레오노르에게 보낸 베네딕트의 이메일

안녕, 엘레오노르!
잘 지냈어? 개학하고선 할 일이 엄청 많아. 금요일에 있는 토론을 위해서 발표 준비를 해야 해. 아직도 자료가 부족해. 도서관이랑 인터넷, 여기 저기 다 찾았지만... 방금 완벽한 참고자료를 제공해주는 대단한 사이트를 하나 발견했지, 진짜 짱이야.
내일 대학식당에 있을 거니? 너를 볼 수 있는 유일한 날이야. 원한다면 지난주 화요일에 네가 못 들은 중세 역사 수업의 노트를 줄게.
안녕,
베네딕트

함으로써 배울 수 있을 것이다(이에 대해서는 아쉬브룬 Ashbbourne의 2004년 책 92~94쪽 또는 브뚜 Bethoux의 2006년의 책을 참조할 것).

이어 **학습의 개인적인 수행활동**에 열중하는 일은 학습자 당사자에게 맡겨지는데, 망즈노 Mangenot(2008)가 종합적으로 지적하고 있는 바와 같이, 그 수준에서의 수행활동을 통하여 어느 정도 (외국의 문화에 대한 능력, 태도, 지식 그리고 자기 나라의 문화와 관련지어 비판하기 위하여 거리두기와 같은) 상호문화적인 능력이나 자신의 동기부여를 얻을 수 있고 그리고 메시지의 길이와 빈도 그리고 언어적인 정확성과 관련된 자신의 기대감도 가져올 수 있게 된다. 프랑스인들이 만든 정기적인 (일반적으로 말해서 일주일에 한번을 하는) 과제들을 토대로 한 『최전선의 프랑스어 *Le français en (première) ligne*』 (상게서 60~61쪽을 참고할 것) 라는 교육계획의 틀 속에 있는 프랑스 학생과 일본 학생간의 대화들이 그러하다.

<도표 13> **개인적인 학습의 수행활동에 열중하기**

(문어 표현에 대한) 지시문은 다음과 같다 "대학에서의 우리의 목요일 일과와 여러분의 수요일 일과를 비교하시오. [...] 그리고 차이점과 유사점을 강조하시오." 어느 정도 '수도 생활'에 가까운 세계관을 보여주는 이 일본 여학생의 진술은 다음과 같다. "나는 너보다 더 일찍 일어난다. 그게 6시야. 아침을 좋아하고 아침의 시간을 음미하고 싶기 때문이지. 밝아오는 태양 빛이 멋져! 나는 매일 요구르트와 두유를 마시고 바나나와 키위를 먹어. 건강에 아주 좋지!! 기차 타고 학교에 가려면 너보다 시간이 더 걸리지. [...] 목욕을 하고나서는 요가 연습을 해. 이건 체력 회복에 중요하거든." 프랑스인 지도교사는 이에 대하여 "학생의 생활 방식에 감탄했어요."라는 반응을 보였다.

이와 같은 원격 대화와 협력의 교육계획들은 학습자의 개인적인 학습의 수행활동들을 전개하는데 있어 오늘날 언어 학습자들에게 제공되고 있는 방법 가운데 하나라는 것을 명확히 밝혀준다. (특히 블로그, 넷바이브스, 닝, 트위터과 같은) 폭넓은 웹 2.0의 다양한 도구들은 이전에 경험하지 못한 것으로서, 언어 교수·학습에 동원되고 있거나 동원될 수 있는 사용의 잠재성을 지닌다.

이러한 실제들이 교수의 **수행활동**에 주는 효과는 매우 크다. 왜냐하면 이러한 도구들은 교수자들을 지식의 전달자가 아니라 수행자가 되게 함으로써, 참으로 교수자의 역할을 변화시키기 때문이다. 따라서 교수자에게는 특히 다음과 같은 역할이 요구된다.

• 교수자는 함께 어울리는 교육목표들을 교환하고 공유할 수 있다고 생각되는 신뢰하고 협력할 수 있는 (한두 명의) 동료 교수자를 찾아야 한다 (망즈노 Mangenot 상게서 62쪽).

• 교수자는 학습자에게 모형에 대한 비판적인 시각을 갖게 하고, 어휘 취급의 전략, 어느 정도의 자가 점검 그리고 메타인지적인 성찰을 이끌어낼 수 있는 '교육방법의 조언자'의 역할을 담당해야 한다 (브뚜 Bethous, 상게서 5-6 쪽).

• 교수자는 (공부 안내, 오류 교정, 주제들을 제시할 수 있는 토론의 주제 목록과 같은) 정보 항목표와 (오류 분석, 텐덤식 공부에 대한 평가와 같은) 교과 교육방법의 항목표를 작성하고 배포해야 한다. 다시 말해서, "교수자는 때로 감추어진 실마리를 제공함으로써 학습자들을 안내해야 한다 (브뚜 Bethous, 상게서)."

• 교수자는 자신이 속한 제도권의 교육지침을 상황에 맞게 적용해야 한다. 이는 아쉬브룬 Achbroune이 상게서에서 "한편 이러한 교육 도구들은 활용과 검사 그리고 점검의 시기에 있어서 까다롭고 엄격하고, 사실 이 시기를 교수의 시기로서 중시하는 것은 중요하겠지만, 이 도구들을 활용하는 교수자(들)이 그럴 필요성을 느끼지 못하고 기대에 못 미친다고 생각하는 경우라면, 이를 중요시하지 않을 수도 있다"고 명시하고 있는 바와 같다.

그와 같은 행동 접근방법으로의 전환은, 쀠렌 Puren(2009a)이 강조하고 있는 바와 같이, 과정의 '지속적인 혁신'을 기치로 삼는 교수자 교육에 지대한 영향을 주고 있다. 이와 같이 교수자 교육은 (전문가들이 결정한 최근의 연구결과들을 교수자들에게 알려주는) 의사소통 접근방법에서, 교수자들이 단연코 혁신의 집단적인 행동을 토대로 능동적인 담당자가 되어야 한다는 행동 관점으로 넘어가고 있다.

그 일본 여학생이 프랑스 대학의 이수과정에 잘 적응하기 위하여 설정해야 할 수행활동의 여러 측면들에 관해서 전개된 예시에서 보듯이, 교수자의 입장 못지않게 학습자의 입장에서 활용해야 할 여러 과제들이 복잡하게 뒤얽혀 있다는 점을 알 수 있다. 이것이 「공통기준」의 관점에서 '행동'이 무엇인지를 명확히 파악할 수 있게 하는, 있을 수 있는 여러 다양한 변인들 가운데 하나이다.

현장에서 제기될 수 있는 두 번째 질문 : **이 일본 여학생의 예에는 웹 2.0에서 사용되는 도구들이 중요한 위치를 차지하고 있다. 이것이 교실에서 행동 접근방법을 전개하기 위한 방법 중의 하나인가? 이 질문에 대한 답을**

얻을 수 있는 방법은 무엇인가?

웹 2.0의 도구들이 행동 접근방법을 설정하는데 있어서 특별히 중요한 위치를 차지하고 있는 것이 사실이고, 의사소통 접근방법이 제공하는 가능성에 비하여 획기적인 변화를 보여주고 있으며, 특히 '의사소통을 동반 행동으로' 변화할 수 있게 한다(이에 대해서는 쀠렌 Puren, 2009a과 본서 3쪽의 <도표 9>를 참조할 것). 이에 대한 정보를 얻기 위해서는 올리비에 C. Olivier(2009)의 제안들을 참조할 수 있을 것인데, 예컨대 어떤 특정 인터넷 사이트들[63]에서 이를 다루고 있는 자료들과 같은 웹 2.0의 도구들을 가져다 씀으로서 상호행동의 접근방법을 활용할 수 있게 한다.

현장에서 제기될 수 있는 세 번째 질문 : **'행동 접근방법** approche actionnelle'**이란 용어를 쓸 것인가 아니면 '행동 관점** perspective actionnelle'**이란 용어를 쓸 것인가?**

「공통기준」의 저자들은 '행동 접근방법' 이란 용어(40쪽, 9.2.2)나 '행동 관점'(2.1)이란 용어 못지않게 '행동 목표 visée actionnelle'(2.1)라는 용어를 사용하고 있다. 이와 같이 「공통기준」 텍스트 자체에서 이 세 가지 표현은 동의어이다. 그러면 미래 지향적인 관점에서는 이 세 가지 용어 가운데 어떤 용어를 선택할 수 있을 것인가? 「공통기준」 저자들의 독단적이지 않은 입장처럼, 그 선택이 각자에게 처해진 정황에 맞게 이루어진다면 적합한 명칭을 선택하는 일은 각자에게 맡겨진 자유로운 몫이다. 예리하고 영향력 있는 언어교육의 입장을 나타내는 이와 같은 용어론적인 고찰에 대해서는 여기에서 다루지 않으려 한다. 이에 관심 있는 독자는 『르프랑세 당르몽드』 *Le Français dans le Monde,* 45권에 게재된 토론을 참고할 수 있을 것이다(특히 코스트 Coste는 '접근방법'이란 용어의 입장을 취하고 있는 반면, 고트로 Gautherot와 쀠렌 Puren은 '관점'이란 용어를 선호하고 있는데, 우리는 후자와 견해를 같이 한다). 이와 같이 용어에 관한 논쟁 이면에는, 진정한 의미에서의 교육방법론적인 개혁이 감추어져 있는데, 우리는 '행동 관점'이라는 표현이 이러한 개혁을 이에 걸맞게 담당한다고 본다.

현장에서 제기되는 네 번째 질문 : **행동 관점이나 의사소통 접근방법이**

---

63) http://www.babel-web.eu/와 http://www.francparler.org/dossiers/outils.htm를 참조할 것

능력에 따른(par les compétences) 것인가 아니면 과제 및 역할놀이에 따른(par les tâches et/ou sénario) 것인가, 아니면 두 가지 모두에 따른 것인가 하는 문제에 직면하여 길을 잃고 방황하고 있다. 「공통기준」을 이용하여 공부하고자 할 때, 취할 수 있는 접근방법은 무엇인가?

로베르 Robert와 로젠 Rosen(2010)의 『공통기준의 실용 사전 *Dictionnaire pratique du CECR*』은 이에 대하여 분명히 밝히고 있다. 「공통기준」의 저자들의 지적에 따르자면, 「공통기준」은 중립성을 내세워 그 어떠한 특별한 접근방법도 지지하지 않는다. 그러나 「공통기준」을 활용하는 사람(교수자나 교재 제작자)이 「공통기준」의 기본 개념에 맞는 접근방법을 전개하려고 한다면, 다언어와 다문화의 관점 속에서 행동 접근방법을 채택해야 한다. 행동 접근방법이 혁신적이긴 하지만, 이 접근방법은 이미 역사적으로 이전에 있었던 다음과 같은 여러 접근방법들을 중시한다.

- 의사소통 접근방법
- 능력에 따른 접근방법
- 과제를 통한 접근방법 (이 접근방법은 역할놀이에 바탕을 둔 오늘날의 접근방법에 해당할 것이다.)

이와 같은 연결관계를 종합적인 도표로 나타내면 다음과 같다.

<도표 14> 과제와 능력을 통한 행동 관점과 의사소통 접근방법 사이의 연관관계

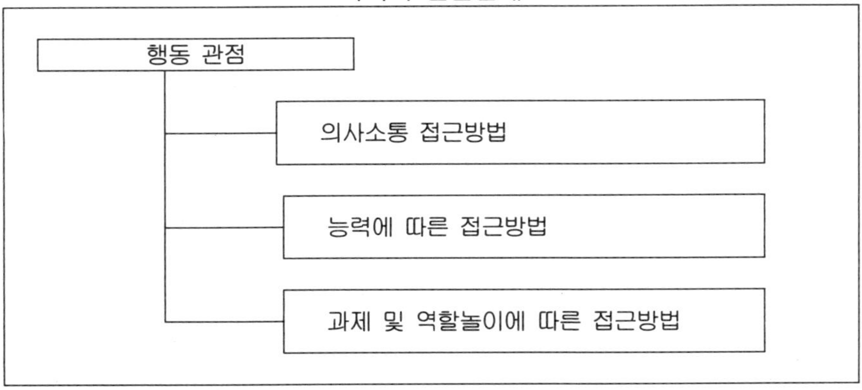

이 접근방법들 하나하나를 자세히 살펴보려면, 로베르와 로젠(2010년)의 『공통기준의 실용 사전』을 참조하면 될 것이다. 우리가 여기에서 중요하게 강조하는 것은, 행동 관점을 활용하는 방법에는 여러 가지가 있고, 그 방법들은 제도적인 상황이나 선택에 따라 다양하다는 점이다. 이러한 다양함 가운데에서도 행동 관점의 현장 적용을 보장하는 것으로서 우리가 취할 수 있는 공통분모는, 우리가 앞서 2장에서 명시한 바 있는 것으로, 언어·문화 교실을 의사소통의 규칙과 협약의 규칙을 갖춘 완전한 실재의 사회로(나아가 학습하는 작업장으로) 본다는 점과 행동을 (교실에서나 교실 밖에서 활용되는 언어적인 활동들과 비언어적인 활동들이 포함되는) 행동 전체 속에서 중시한다는 점, 그리고 언어·문화의 실제는 수업 계획 가운데 이루어진다는 점이다. 다음의 두 개의 질문과 답은 이러한 문제 제기와 관련될 수 있을 것이다.

현장에서 제기될 수 있는 다섯 번째 질문 : **우리가 도처에서 파악할 수 있는 것은 과제가 「공통기준」과 행동 관점에서 중심의 자리를 잡고 있다는 점이다. 그러면, 이와 관련되는 과제는 어떤 유형인가?**

'과제'라는 개념은 실제로 「공통기준」의 기본 원리가 바탕을 두는 토대이다. 이 개념은 「공통기준」의 저자들이 '제 7장 외국어 교수에서 과제들과 그 역할'이라는 제목을 걸고 한 장 전체에서 이를 집중적으로 다루고 있을 정도로 중요하며, 과제의 수행이 교수·학습의 교육목표 자체가 될 수 있다고 보고 있다. 「공통기준」은 이에 대하여 6.1.4.1에서 "교수·학습의 목표는 사실상 과제의 수행과 관련하여 설정될 수 있다"고 지적한다.

앞서 예시한 『공통기준의 실용 사전』에서 명시하고 있는 바와 같이, 「공통기준」은 과제를 다음과 같은 다섯 가지 종류로 구분하고 있다[64].

- 실제 생활의 실재 과제
- '목표' 과제, '반복'을 위한 과제 또는 실제 생활과 비슷한 과제

---

64) 이러한 구분은 「공통기준」 어디에도 이런 식으로 제시되어 있지 않다. 우리가 이를 5가지 유형으로 구분하게 된 것은 트림 J. Trim의 『공통기준 사용자를 위한 안내』 *Guide pour les utilisateurs* (2002)와 같은 보충 서적들을 조사하게 됨으로써이다. 이에 대해서는 이 밖에도 굴리에 Goullier(2005)의 책을 참조할 수도 있을 것인데, 이 책은 언어 교재들의 곳곳을 발췌하여, 의사소통 과제들을 규명하여 분석 제시하고 있고, 「공통기준」의 수준들을 바탕으로 선별한 과제들을 출발점으로 삼아 교육계획을 설계할 것을 제안하고 있다.

- 교육적인 의사소통의 과제
- 교육적인 예비 의사소통의 과제
- 메타 의사소통의 과제

다음의 도표는 이러한 여러 다른 유형의 과제에 대한 내용을 상세히 보여주고 있다.

<도표 43> 「공통기준」에서 제시된 여러 유형의 과제들

실제 생활의 실재 과제
이는 외국을 방문하는 여행자 같은 사람이 수행하는 (인사하기, 쇼핑하기, 우편엽서 쓰기 등과 같은) 언어적인 의사소통의 과제나 (구인광고 읽기, 구직 신청 편지 쓰기와 같이) 직업과 관련된 의사소통의 과제를 말한다(이에 대해서는 「공통기준」의 3.5와 4.3을 참고할 것).

목표 과제, 반복을 위한 과제 또는 실제 생활과 비슷한 과제(이 표현에 대해서는 「공통기준」의 7.1을 참고할 것)
이는 "교실 밖이나 학습의 상황 밖에서 학습자의 필요에 따라 선택되는(트림 J. Trim 2002:164)" 과제를 말한다. 「공통기준」은 목표 과제나 반복연습을 위한 과제가 무엇인지를 명시하지 않으며, 어떤 예시도 보여주지 않고 있다. 이는 '자신을 소개하기'나 '다른 사람을 소개하기'와 같은 의사소통기능의 습득에 바탕을 두는 목표화된 활동과 관계된다고 생각할 수 있을 것이다. 이와 같은 경우에서라면, 이 과제는 의사소통을 위한 교육적인 과제를 실행할 수 있는 중간 과제가 될 것이다.

교육적인 의사소통의 과제(이 표현에 대해서는 「공통기준」의 7.1을 참고할 것)
이는 '자발적으로 받아들인 가상의 인물'이 되어 의사소통 능력의 개발을 목표로 하는 역할 놀이나 모의활동과 같은, 상호작용의 과제를 말한다. 「공통기준」은 의사소통 과제의 예로 특히 다음과 같은 것들을 제시하고 있다.
- 동료들과 보고서를 읽고 토론을 한 뒤 계획에 대하여 결정하기
- 조립을 위한 사용법을 읽고, 이를 준수하여 조립을 수행하기 그리고 참관자나 보조자가 있는 경우에 그 방법에 대하여 설명이나 도움 요청하기
- 발표를 (글로) 준비하고 발표하기
- 방문객을 위한 비공식적인 번역을 하기(7.1)
- 선생님에게 사죄하는 편지를 쓰거나 말을 하기(2.1.5)

교육적인 예비 의사소통의 과제
이는 (『공통기준 사용자를 위한 안내』 Guide pour les utilisateurs에서 유일하게 언급하고 있는 과제로서) 어휘나 문법에 대하여 '상황이 없이 행해지는 형태 연습(7.1)'을 말하는데, 트림 J. Trim이 "교육적인 예비 의사소통의 과제는 형태를 상황 없이 취급하는 데 중심을 두는 연습으로 이루어진다(2002:164, 『공통기준 사용자를 위한 안내』)" 라고 하는 바와 같다.

메타 의사소통의 과제
이는 과제의 실현을 위하여 성찰하는 과제와 '과제를 성공적으로 수행하기 위해 사용되는 언어와 과제의 활용에 관한 대화(7.1)'를 말한다.

교실 상황에서 과제를 실행하는데 있어서는 상게서의 로베르와 로젠이 강조하고 있는 바와 같이, 동시에 중시해야할 것들이 있는데, 그것은 (일반 능력과 언어의 의사소통 능력과 같은) 학습자의 '능력', (이해용 보조 텍스트의 길이 또는 화체와 같이) 과제와 관련되는 특수한 '여건과 제약', 그리고 학습자가 실행해야 하는 메타인지 '전략'이다(7.2).

과제를 활용한다는 것은 교수자에게 어려울 수 있다. 과제란 근본적으로 교수자와 학습자의 관계보다 더 넓은 사회적인 행위 속에 자리 잡기 때문이다. 사실 「공통기준」의 권고사항들을 실천한다는 것은 결국 제시된 과제에 '적합한 틀'을 교수자가 발견하는 일이 되는데, 이는 교수자가 학습자의 지식과 능력을 자극함과 동시에 학습자로 하여금 과제를 실현하는데 필요한 전략들을 발견하게 함으로써 학습자의 자율성을 조장하게 되는 틀이다.

그러나 교수자는 아주 자유롭게 자신의 학생들의 특성에 따라 과제를 변경하여 적용할 수 있다. 이는 「공통기준」의 6.1.3.2에서 "과제는 바꾸어 부과될 수도 있으며, 언어 메시지는 실제로 사용되는 표현 자료들에 따라 또는 그 자료들로 무엇을 할 것인가에 따라 여러 가지로 다르게 그 중요성을 부과할 수 있고 또는 배분하여 제시될 수 있다"고 지적하고 있는 바와 같다.

달리 말해서, 교수자는 자신의 교수·학습 상황의 특성들에 맞게 과제를 변경시켜 적용할 수 있다. 이것이 다음 장에서 여러 가지 질의응답으로 살펴보게 될 중요한 요점이다.

제 9장

상황에 따라 「공통기준」을 적용하는 방법

여기까지 읽은 독자들은, 「공통기준」이 직접 사용할 준비가 되어 있는 만능의 도구가 되지 못한다는 점을 알아차렸을 것이다. 그러면 「공통기준」을 상황에 따라 어떻게 적용할 것인가? 바로 이 문제에 대한 해법을 본장을 마지막으로 하여 질의응답 식으로 찾아보고자 한다. 본장은 「공통기준」의 불가피한 맥락화를 위하여 활용할 수 있는 유익한 정보들을 제공할 것이다.

「공통기준」의 제안들을 그 본래의 의도를 왜곡하지 않으면서 처해진 고유한 교수·학습 상황에 맞게 변경시켜 적용한다는 것이 가능한 일인가?

카스텔로티 Castelloti와 무어 Moore(2009:195)의 지적처럼, 우리는 "어느 정도 안정성을 나타내는 '상황'으로부터 보다 역동적이고 유동적인 관점에 위치하는 '맥락화'(「공통기준」의 8.3.2.에서는 '조우 상황'이라는 용어를 쓰고 있다)와 '맥락화하는 것'으로서 다양화로 이행되어 가고 있는 점진적인 변화"를 주목할 수 있을 것이다. 이와 같이 코스트 D. Coste (2007a, b)는 "참조 도구인 「공통기준」은 유연하게 만들어진 것이었고, 그 원리와 그 구성 자체가 맥락화하는(상황에 따라 적용하는) 방향에서 설정된 것이었는데도 불구하고 흔히 전개되었던 것은 그 반대였으며, 사람들은 「공통기준」을 유럽의 규범으로 간주했고, 규범과 명령으로 여겨 이것을 좋든 싫든 여러 상황들은 이에 순응하는 것이 마땅하다고 간주하여 왔다"고 강조하면서, 수차에 걸쳐 우리에게 주의를 주고 있다. 또 다시 코스트(근간의 저서)의 지적을 따르자면, 맥락화의(상황에 따라 적용하는) 방법은 다음과 같은 다섯 가지 방법으로 도출될 수 있을 것이다(로베르와 로젠 Robert & Rosen, 2010).

<표 44> 코스트(근간)의 「공통기준」의 맥락화를 위한 5가지 방법

「공통기준」	실천해야 할 행동들	중기 관점들
첫째, 능력의 척도들에 대한 여러 가지 참조를 중시한다.		
• 「공통기준」의 자료들을 가져다 쓴다. (「공통기준」에서 제안된 자료들이나 활동들에 대한 지역적인 선택)	• 각기 다른 언어에 따라 보다 정교하고, 경우에 따라 (예컨대, 의사소통에 관련된 능력이나 사회언어적인 습득과 관련하여) 서로 다양한 학습목표를 정한다	• 중기 관점에서 예를 들어 필요에 따라 여러 가지 언어 능력에 대해서 여러 가지 수준에 대한 여러 가지 목표들을 중간 단계에서 설정한다.
둘째, 교육방법론적이고 교육적인 과정들과 제안들을 활용한다.		
• 「공통기준」의 자료들을 가져다 쓴다. (「공통기준」에서 제안된 자료들이나 활동들에 대한 지역적인 선택)	• 「공통기준」이 막 개조한 의사소통 접근방법의 교수와 학습의 방법을 요약한 것이 아니라는 점을 중시한다. • 교육목표와 교육과정의 전개와 관련돈 문제들이 「공통기준」 내에서 유연한 선택에 따라 고려된다는 점을 중시한다.	• 폭넓은 선택을 고려한다. (언어 사용과 언어 학습에 대한 행동 모형의 참조는 너무 협소하게 정의된 의사소통 과제의 교육에 국한하여 사용하는 것만을 의미하지 않는다.)
셋째, 어떤 중심축들에 따라 참조도구를 보완하고 확장한다.		
• 주어진 상황과 취한 선택에 따라 조사된 필요에 의거하여, 「공통기준」의 제안들을 넘어선다.	• 특히 다양한 교수의 형태와 관련되는 교과 분야와 연계하여, 그리고 교과들이 활용하는 논증 유형 또는 (이중언어 교수와 (상호)문화 능력과 같은) 의사소통 활동과 연계하여 적합한 설정기준들을 정한다.	• 어떤 상황에서 「공통기준」을 확장할 필요가 있는지를 결정한다.(「공통기준」에서 벗어나는 한계와 다른 '기준'이 필요로 하는 한계는 무엇인지를 결정함)

넷째, 단호하게 다언어 교육의 관점을 취한다.		
• 국가와, 지역 그리고 지방의 상황과 관련된 일련의 선택에서 「공통기준」을 연계시킨다.	• 교육하는데 쓰이는 제1언어와 소수민과 이주민이 쓰는 외국어와 지역어를 중시하며, 교육의 궁극 목적을 개인의 다언어사용 능력 개발에 두는 총체적인 접근방법을 전개한다.	• 국가 위상이 요구하는 공부에 근접하는 맥락화를 확실하게 한다.
다섯째, 다언어사용과 사회적인 통일 그리고 참여 민주주의를 조장한다.		
• 「공통기준」을 이러한 역동성 가운데 있는 여러 다른 것들 중 하나의 도구로 간주한다.	• 인권, 소수자 보호, 시민 교육과 관련된 현장과 특수한 상황에서 구체적인 행동들을 전개한다. • 다양한 유럽의 민주주의 건설은 또한 다양한 언어 정책으로 이행된다는 점을 중시한다.	• 「공통기준」은 (교육체제를 넘어서는) 보다 한층 넓은 일단의 분석과 전략들을 통해서만 중요성과 의미를 지닌다는 점을 중시한다.

비공통언어 의사소통 상황에서 「공통기준」을 적용하여 언어를 가르치려고 할 때, 유념해야 할 실용적인 조언은 무엇인가? 이에 대한 실제적인 예시들은 있는가?

무엇보다 먼저 '비공통언어'라는 용어에 초점을 맞추어 살펴볼 필요가 있다. 「공통기준」을 적용하고자 할 경우, 제일 먼저 비공통언어 상황 대 공통언어 상황이 아니라 동질언어 환경 대 이질언어 환경에 관련되는 교수·학습의 상황은 어떤 특징을 지니는지부터 자세히 살펴보는 것이 타당할 것이다.

우리가 가장 먼저 살펴보고자 하는 것은 학습의 중요한 요소가 되는, 언어와 만나게 되는 여건(이를 흔히 '환경'이란 용어로 부르고 있다)과 아울러 의도적에 대한 비의도적(또는 제도권에 대한 비제도권)이라는 식으로 대립시켜 나타낼 수 있는 그에 대한 특징이다. 여기에서 우리의 관심 대상이 되는 것은 비의도적(또는 비제도권의) 여건이 지닌 특징인데, 이 특징은 '언어 학습'과 '언어 환경' 사이의 역동성을 중시하기 (뽀르끼에 Porquier, 1995) 때문이다. 어떤 언어의 학습이 학습언어와 동일한(학습언어가 일상생활에서 쓰이는) 언어 환경에서 이루어질 경우, 그 환경은 **동질언어** homoglotte 환경이고, 반면 어떤 언어 학습이 학습언어와 동일하지 않은(학습언어가 일상생활에서 쓰이지 않는) 언어 환경에서 이루어질 경우, 그 환경은 **이질언어** hétéroglotte 환경이 된다[65]. 이와 같이 동질언어와 이질언어라는 대립어로 처해진 교수·학습 상황의 특징을 나타낼 수 있다. 그리고 공통언어 endolingue에 대한 비공통언어 exolingue라는 대립어는, 원어민과 비원어민 간의 의사소통의 특징을 나타내며, 여러 고찰을 통하여 용어론적인 관점에서 굳어버린 비공통언어라는 개념을 중심으로 이루어진 비판적인 반성을 시도하려는 데 있다고 뽀르끼에 Porquier(1994:163-164)는 자세히 밝히면서 다음과 같이 지적하였다. "의사소통 그리고 상황과 관련하여 두 개의 계열어가 문제가 되었다. 우선 언어 체계라는 개념을 지적하는 '언어 -lingue'라는 용어 계열어이고, 다른 하나는 원어민과 비원어민 사이에서 일어나는 의사소통의 상호 언어적이고 상호문화적 측면을 지적하는 '비공통 exo-'이라는 용어의 계열어이다. 즉 비공통언어 의사소통이라는 용어와 공통언어 의사소통이라는 용어는 대립어로서, 원어민 화자와 비원어민 화자 사이에 일어나는 의사소통의 가설적인 특수성을 지적하는 말로써, 전자는 학습언어와 동일한 언어를 사용하는 원어민 화자와의 의사소통을 의미하며, 후자는 학습언어와 동일하지 않은 비원어민 화자 사이의 의사소통을 의미한다. 다음의 도표는 (프랑스어 교수·학습의 경우의 예시로서), 이러한 두 변수가 교차하는 현상

---

65) 뽀르끼에 Porquier(1995:10)는 이 용어를 용어론과 인식론의 관점에서 다음과 같이 자세히 밝히고 있다. "다벤느 L. Dabène는 자신의 저서에서 동질언어 상황(contexte homoglotte)과 비동질언어 상황(contexte alloglotte)이라는 이분법을 제안한 바 있었는데, 그는 배우는 언어와 다른 언어가 사용되는 상황에서의 언어학습을 지적하기 위하여 이제는 비동질언어 상황이라는 용어 보다는 이질언어 상황이란 용어를 선호하고 있다(이는 개인적인 대화를 통해 확인된 것이다). 그 이유는 용어론적인 혼동을 피하려는데 있다.(비동질언어자 라는 용어가 원어민의 언어로 원어민과 비원어민 사이의 상호작용이 있을 경우, 비원어민 화자를 지적하기 위하여 흔히 사용되었기 때문이다.)"

이 야기하는 여러 다른 상황의 모습들을 잘 나타낸다.

<표 45> 개념들이 교차되는 맥락화

프랑스어의 의도적인 학습	동질언어 환경 (학습언어를 일상생활에서 사용할 수 있는 환경)	이질언어 환경 (학습언어를 일상생활에서 사용할 수 없는 환경)
비공통언어 의사소통 (교수자와 학습자의 모국어가 다른 경우에서의 의사소통)	프랑스어를 배우는 (비원어민인) 한국의 화자가 프랑스에서 (원어민) 프랑스어 화자와 교실에서 이야기한다. → 동질언어 환경으로서 프랑스에서 프랑스어를 배우는 환경 → 원어민과 비원어민 간의 의사소통	프랑스어를 배우는 한국의 화자가 한국에서 프랑스어 원어민 화자와 교실에서 이야기한다. → 이질언어 환경으로서 한국에서 프랑스어를 배우는 환경 → 원어민과 비원어민 간의 의사소통
공통언어 의사소통 (교수자와 학습자의 모국어가 같은 경우에서의 의사소통)	프랑스에서 프랑스어를 (프랑스어와 프랑스어 문법, 그리고 프랑스어 교수의 섬세함을) 배우는 두 명의 프랑스 화자가 교실에서 이야기한다. → 동질언어 환경으로서, 프랑스에서 프랑스어 학습과 교수(예 : 프랑스에서 국어로서 프랑스어 교육) → 원어민 간의 의사소통	한국에서 프랑스어를 (정교한 프랑스어와 프랑스어 문법, 그리고 그 정교한 교육을 위하여) 배우는 두 명의 프랑스 화자가 교실에서 이야기한다. → 이질언어 환경으로서, 한국에서의 프랑스어 학습과 교수(예 : 한국에 있는 프랑스 학교에서 프랑스어 교육) → 원어민 간의 의사소통

여기서 기술된 네 가지의 모습은 교수·학습의 상황에 따라 『공통기준』을 구현하는 접근방법에는 여러 가지가 있다는 것을 함축한다. 이와 같이

자신에게 처한 학습 상황에 맞도록 『공통기준』을 적용한다는 것은 동질언어 환경인가 이질언어 환경인가의 관계에서 고찰하는 일이고, 다른 한편에서는 이러한 환경에서 자리 잡는 의사소통의 유형을 고찰하는 일이다. 이 문제를 분명히 밝혀보기 위하여, 『공통기준』을 맥락화하는데 필요한 양상들에 대하여 수행된 두 개의 연구에서의 결론을 인용하려 한다. 그 첫 번째의 것은 로젠과 샬레 Rosen & Schaller (2009)의 동질언어 환경에서의 연구이고, 두 번째의 것은 이시카와와 로젠 Ishikawa & Rosen(2009)[66]의 이질언어 환경에서의 연구이다.

그 첫 번째 사례 연구는, 교육과정 방법의 진행에 따라 수행된 것으로서, 동질언어 환경에서 『공통기준』을 상황에 따라 적용하기(맥락화 하기) 위한 세 가지 기본 방향을 도출할 수 있었다. <표> 46은 이를 인용한 것이다.

<표 46> 동질언어 환경에서 『공통기준』을 맥락화하는데 필요한 방법들

1. 프랑스어를 '국제어'로 추진한다. 프랑스어가 상이한 언어문화 환경에서 속하는 학습자들 사이에서 공통분모가 되어, 학습자들은 '학습의 수단이자 목표가 되는 동일 언어로' 교수자들이나 다른 학습자들과 의사소통을 한다는 점에서 그러하다(보르그 Borg 2005:48). 2. 『공통기준』을 비장의 카드로 간주한다. 그럼으로써 (모든 언어 특히 외국어로서 프랑스어의 교수·학습을 담당하는) 대학의 교육원의 임무와 위상을 재고할 수 있고, 특히 (의사소통의 여건을 외국인과 '국제어로서 프랑스어'의 보급을 도울 수 있는 원어민 사이에 설정함으로써) 참여와 활기부여의 기능을 조장할 수 있다. 3. 교실에서의 과제를 교실 밖에서의 과제와 결부시킨다. 이를 통하여 제도적인 환경과 비제도권의 자연적인 환경에서 습득한 지식들 사이에 왕래를 보장할 수

66) 이 연구는 '외국어 교수의 맥락화를 위한「공통기준」, 다언어 사용, 다문화 사용, 정보통신과 포트폴리오를 이용한 자율 학습'이란 주제로 2009년 4월 3일부터 5일까지 일본 교토에서 개최된 세미나 토론에서 발표된 논문으로, 그 논문 제목은 "「공통기준」의 적용과 상황 조정 사이에서, 「공통기준」을 일본에서 맥락화하는데 있어서 제기되는 상황과 용어의 문제들"이었다.

있고, 다음과 같은 방법으로 이들 과제들을 결부시킬 수 있다.
a) 행동 관점과 상호문화적 접근방법을 전개한다.
b) 「공통기준」에 제시된 수준에 관한 지침에 바탕을 두어, 문화능력과 상호문화 능력을 명시하고, 적절한 과제들을 전개할 수 있게 한다.
d) 현장 파일을 제작하여, 교실 밖에서 이루어지는 과제들의 성공 가능성을 최적화시킨다.
e) 사회적 환경에서 실행되었던 것 같은 과제의 실현과 관련하여 교실에서 그 상호관계를 전개한다.
f) 동질언어 환경에서 교수·학습을 위해 구안된 교수법들의 재원들을 가져다 쓴다.

우리가 「공통기준」의 교육방법론적이며 교육학적인 기반을 이용하는 제도적이고 교육적인 교육장치를 진정 설계하는 일은 이와 같이 상황의 측면들을 중시하고 규격화되지 않은 장치들을 설정함으로써 가능할 것이다.

이질언어 환경에서 「공통기준」과의 관계는 참으로 다양하다. 다음의 <표 47>은 예시적으로 한 사례 연구의 결론을 인용한 것이다. 이시카와와 로젠 Ishikawa, Rosen(2009)은 이 연구를 통하여 일본이라는 프랑스어 교수·학습의 특별한 상황에서, 「공통기준」을 적용하는 것과 행동 관점의 요구에 따라 상황을 조정하는 것 사이에 있는 긴장 관계를 분명히 규명하고자 하였다.

<표 47> 이질언어 환경에서 「공통기준」을 맥락화하는데 필요한 방법들

1. 문화적로나 지리적으로 프랑스어권 나라에서 멀리 떨어진 일본 같은 나라에서는, 동질언어 환경에서나 프랑스어를 말하는 사람들과 만날 수 있는 기회가 보다 많을 스페인이나 이탈리아, 독일 등과 같이 가까운 유럽의 나라에서 프랑스어를 배우는 경우보다 프랑스어를 활용할 기회가 적을 것이다.
2. 목표언어의 사회문화 요소들은 동질언어 환경에서는 직접적으로 교외 상황에서 지적될 수 있을 것인데, 이와 같은 사회문화적인 요소들이 결여된다면, 행동 관점에 따라 구안된 모의 활동은 그 다양성을 상실하게 된다. 이와 같이 행동 관점이 이질언어 환경 가운데 놓이게 될 때, 행동 관점은 의사소통 접근방법으로 빠져들게 될 것이다(뿌렌 Puren, 2007).

3. 목표언어와 기점언어 사이에 문법적인 유사성이 없을 경우, 「공통기준」은 문법을 가장 중요한 것으로 여기고 있지는 않지만, 문법을 배우는데 보다 많은 노력과 시간을 들이지 않을 수 없다.

일본에서 「공통기준」을 맥락화 하려고 할 때, 다음과 같은 적지 않은 문제들이 이러한 특수성에서 제기된다.

a) 유럽의 현실로 존재하는 것에 근접하는 사회문화적인 역동성을 모의 활동에서 어떻게 실현할 수 있을까? 이 점은 일본 학습자들이 프랑스어를 배우는데 중요한 동기가 된다(출판 예정인 이시카와 의 논문).

b) 일본 학습자들에게 중요한 문법 교수와 행동 접근방법을 병행시킬 수 있는 방법은 무엇인가? 다시 말해서 (일본인 교수자가 주로 가르치는) 문법 수업과 (프랑스인 교수자가 가르치는) 회화 수업 사이에 있어 왔던 전통적인 구분에는 문제가 제기된다.

c) 「공통기준」의 번역에 사용된 일본어 용어에 일본 사람들은 얼마나 동의하는가? 이에 대한 동의는 「공통기준」을 일본에 도입하기 위해 실현해야 할 첫 걸음이 될 것이다[67].

d) 영어는 일본에서 가르쳐지는 제1외국어라는 점에서 소홀히 할 수 없는 외국어이다. 이러한 영어에 대하여 프랑스어 수업에서 경우에 따라 영어를 참조언어로 사용할 때, 어떤 입장을 취해야 할 것인가?

e) 마지막으로, 일본에서 프랑스어 교육학의 이러한 모든 시도들을 숙고하는 가운데, 기존의 내적 교육적 성향을 혼란시키지 않고, 「공통기준」이 명령적이 아니라는 생각을 잊지 않으면서, 「공통기준」을 보완하고 전개하며 확장할 수 있는 방법은 무엇인가?

우리는 본 연구를 통하여 다음과 같은 모양으로 종합화된 몇 가지 고찰의 요소들을 제기하였다.

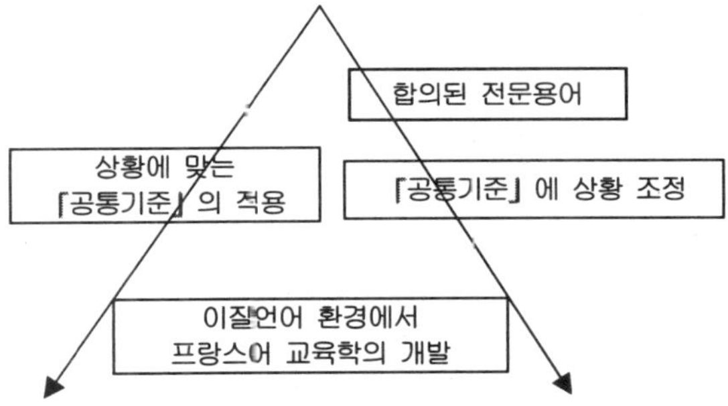

이와 같이 『공통기준』을 각기 나라에 맥락화하고자 한다는 것은, 『공통기준』의 내용을 지역적인 상황에 적용하는 것과 각 나라의 프랑스어 교육학이 담당해야 할 『공통기준』의 원리들에 각 나라의 상황을 조정하는 것 사이에서 발생하는 문제들에 대하여 해법을 찾는다는 것을 함축한다.

앞서 언급한 코스트 Coste의 이론적인 제안들(<표 44>의 제안들)과 연계시키기 위해서는, 계시적으로 인용한 이 같은 사례의 연구들이 이 지침들을 근간으로 하고 있는 점을 주목할 필요가 있을 것이다. 즉 동질언어 환경의 경우, 로젠과 샬러 Rosen & Schaller는 그 제안의 두 번째의 항목을 출발점으로 하여 『공통기준』의 '교육방법론적이고 교육적인 과정들과 기반들을 활용하기'를 꾀하는 연구를 하였고, 이질언어 환경의 경우로는 이시카와와 로젠 Ichikawa & Rosen은 '어떤 중심축들에 따라 참조 도구를 보완하고 확장하기' 위하여 세 번째 항목에 대한 원인과 결과를 탐색하였다.

"앞의 질문을 보충하는 질문으로, 외국에서 따로 떨어져 가르치는 교사는 행동 접근방법을 어떻게 적용할 수 있을까? 이게 가능하기라도 한 것인가?"

동질언어 환경에서와 똑같이, 처음 단계에서 프랑스어권 지역 공동체의 호의를 조사하는 현장파일을 작성하는 데는 많은 제약이 있겠지만, 이를 염두에 두면서 이를 시도할 필요가 있을 것이다. 즉 교수자가 자신의 학생들에게 프랑스의 도시 릴 Lille에서 바게트 빵 가격이 얼마인지 (그리고 빵 가격이 어떻게 변화했는지)를 조사해보라고 제안할 때, 교수자는 수차에 걸쳐 같은 질문에 답해야 하는 상인들의 짜증을 피할 수 있도록 몇몇 빵집들과 접촉할 수 있을 것이다. 이런 조사는 자신의 도시에 프랑스 빵가게가 하나밖에 없을 경우, 보다 어려울 것이다. 그 다음 단계에서 교수자가 관심을 돌릴 수 있는 것이 (특히 인터넷을 통하여 개방과 참여 그리고 공유를 실현해내는) 웹 2.0의 재원들이다. 대학들과 (국제적인 프랑스어 교육 전문 학원인)

67) 이에 대해서는 로베르 Robert와 로젠 Rosen이 2010에 쓴 『공통기준의 실용사전 *Dictionnaire pratique du* CECR』의 전문용어 목록을 참조할 것.

알리앙스 프랑세즈 Alliance française는 외국어로서 프랑스어로 과제를 통한 접근방법을 온라인으로 실험하는데 참여하였다. 그 예를 들자면 릴 Lille 3 대학(A2-B1 수준을 위한 '스페인 거주지' 라는 영화를 바탕으로 실현된 모듈식 수업을 제시하였다)과, 교수자와 학습자들을 대상으로 하는 수단들을 제안한 뚤루즈 Toulouse의 알리앙스 프랑세즈 (특히 프랑스에 있는 연합체에 대한 최선의 지식을 목표로 하는 계획을 제시하였다)가 있다[68].

" 「공통기준」에는 각 언어 수준에 대한 교수·학습 시간의 양에 대하여 아무런 지침도 제시되어 있지 않으니, 이를 어떻게 활용할 것인가?"

우리가 본서의 초판에서 명시한 바와 같이, 교수·학습의 상황에 따라서 이에 대한 제약 사항과 변수들이 많기 때문에, 각 수준에 대하여 시간의 양을 정한다는 것은 까다로운 작업이다. 어떤 이탈리아 사람이 집중적으로 프랑스어를 배우려고 프랑스에 와 있을 경우 그가 A1의 수준에 도달하는데 소요되는 시간은 중국에서 처음으로 프랑스어를 배우는 중국인보다는 훨씬 적을 것은 분명하다. 이 문제는 교수자 양성 교육에서 대단히 강조하여 거론되고 있지만, 여기에서 우리는 언어 교재들이 적용하고 있는 구분을 참조하여 다음과 같이 참고적으로 제안할 수 있을 것이다.

<표 48> **각 수준에 대한 시간의 양 (* 참고자료임)**

수준	소요 시간	누적 소요 시간
A1	60~100시간	60~100시간
A2	100~120시간	160~220시간
B1	150~180시간	310~400시간
B2	200~250시간	510~650시간
C1	250~300시간	760~950시간
C2	다양한 시간	760~950시간 + 다양한 시간

68) http://auberge.int.univ-lille3.fr 그리고 http://af-toulouse.net. 인터넷 기반의 프로젝트 교육학과 웹 2.0의 활동에 대한 보충 정보를 위해서는 이전 장의 지침들을 참고할 것.

이와 같이 예컨대 B2 수준에 도달하기 위한 시간은 경우에 따라서 510~650 시간의 교수·학습 시간이 필요할 것이고, 상황에 따라서는 그 이상도 필요할 것이다. 왜냐하면 자신이 처한 고유한 교수·학습 상황에 따라 이와 같은 시간 수를 적용하는 것은 「공통기준」을 맥락화하는데 있어서 모든 경우에서 어쩔 수 없는 과정 가운데 하나이기 때문이다. 그렇지 않으면 푸 Fu(2009)[69]가 분명히 밝히고 있는 바와 같이, 상황에 따라서는 (중국과 같은) 학교에서의 언어 교수·학습이 "가격 대비 질을 따져볼 때 형편없다고 보거나 아니면 좀 효율성이 떨어진다"고 판단하게 할 위험이 있을 것이다.

이상에서 오늘날 「공통기준」을 적용하고자 할 때, 참으로 유념하여 중시해야 할 것들을 살펴보았다. 「공통기준」이 프랑스의 국가 교육 목표와 교육계획을 정의하기 위한 진정한 참고기준이기는 하지만, 그렇다고 해서 모든 교수·학습의 상황에서 그것이 바이블이나 되는 것처럼 있는 그대로 다루어서는 안 될 것이다.

---

69) 이는 "중국의 제도권 교육 환경 가운데 외국어로서 프랑스어 교수·학습에서 『유럽공통참조기준』은 어떤 면에서 유익할 수 있는가?' 라는 논문인데, '외국어 교수의 맥락화를 위한 「공통기준」, 다언어사용과 다문화사용, 정보통신기술과 포트폴리오를 이용한 자율학습' 이란 주제로 2009년 4월 3일부터 5일까지 교토에서 개최된 세미나에서 발표된 것이다.
(http://www.momiji.h.kyoto-u.ac.jp/IRC2009/fr/_userdata/textes_preactes_07.pdf)

결론 : 유럽, 공통, 참조 기준의 의미

우리는 이 논제를 마치면서, '배우고, 가르치고, 평가하기' 위한 도구인 『유럽의 공통참조기준』 라는 참조 도구의 명칭 속에서 사려 깊게 다루어지고 있는 용어들 각각에는 의미가 있다는 점을 지적하고자 한다. 이러한 용어들 하나하나를 다시 다루어 살펴봄으로써, 본서의 전체에 걸쳐서 제시된 제반 요소들을 종합적으로 설명할 수 있을 것이다.

'유럽의 기준'이라는 용어는 유럽에서 체계적인 외국어 정책 설정과 여러 나라의 교육기관들 간의 협력을 용이하게 한다. 따라서 다언어사용의 옹호가 이 접근방법의 주요 낱말이 된다. 그래서 외국어 교육계획을 설계하는데 있어서 다언어사용을 중시함으로써 많은 교실에 현존하는 언어의 다양성을 인정하게 하고 이를 중시하게 하는 한편, 한 언어 학습이 다른 언어들과 다른 교과들의 교육과 나란히 이루어지는 체계를 구상할 수 있게 한다.

'공통기준'이란 용어는 무엇보다도 명확히 정의될 수 있는 여섯 개의 능력 수준(A1. A2, B1, B2, C1, C2)의 설정을 통하여 교수의 인증과 교육계획에 대한 투명성과 이해를 확고히 하게 한다. 여기에서 확실한 공통분모가 되는 것은 교수·학습을 상황 속에서의 의사소통 과제의 실현에 바탕을 두는 행동 접근방법을 채택한다는 점이다.

'참조 기준'이란 용어는 국가 교육의 지침들 속에 그대로 채택되어 있으며, 이 용어는 (결국에 가서는) 특히 어떤 공통 용어에 대하여 서로 이해할 수 있게 한다. 참조의 이러한 바탕은 「공통기준」의 표지에서 표명된 학습, 교수, 평가라는 세 가지의 사항에 다음과 같이 연결되어 있다.

우선 '학습'에 있어서는, 이 참조 기준은 모든 언어와 모든 학습자 그리고 학습의 각 단계에 공통적인 요소들을 설정할 수 있게 하며, 이러한 요소들을 숙달하기 위하여 활용해야 할 여러 다양한 활동들을 설정할 수 있게 한다. 나아가 참조기준은 a) (이미 앞서 지적한 바와 같이 단지 언어 분야에서만 한정되는 것이 아니며, 다른 언어들을 배워감에 따라 변화하게 되는) 개인의 일반능력과 관련되는 것과 b) 학습자가 언어 습득 시 구축해 나가는 언어 구성능력, 사회언어 구성능력 그리고 화용 능력으로 이루어진 언어의 의사소통능력에 관련되는 것, c) 이러한 능력들이 활용되는 수용(이해)과 산출(표현) 그리고 상호작용과 중개의 활동들과 관련되는 것 그리고 d) 행동 관점에서 완수해야 할 의사소통의 과제들과 관련되는 것들 간의 연결 관계를 분명하게 한다.

이어서 '교수'에 있어서, 참조기준은 A1에서 C2까지 나아가는 여섯 개의 수준을 분명하게 정의하고 있다. A는 초보자인 사용자로서의 학습자의 수준(기초 수준)이고, B는 독립적인 사용자로서 학습자 수준이며(고급으로 나아가는 중간 수준), C는 숙달된 사용자로서의 학습자의 수준이다. 이 여섯 개의 각각의 수준에 있어서 사용자로서의 학습자는 표현과 수용 그리고 상호작용과 중개와 관련되는 (구어와 문어) 활동에서 무엇을 할 줄 알아야 하는지를 자세히 밝히고 있다.

마지막으로 '평가'에 있어서, 참조기준은 모든 언어에 대하여 똑같은 여섯 개의 능력 수준으로 관련지을 수 있게 하고 이에 대한 정교한 기술들을 참조할 수 있게 하며, 이를 통하여 취득한 인증과 자격에 대한 보다 높은 투명성과 이해를 가능하게 한다. 평가는 「공통기준」을 언급할 때 가장 많이 다루어지는 핵심 문제인 것이 분명하다. 유럽에서의 등급으로 부여되는 모든 인증과 자격들은 실제로 이 참조 기준의 수준과 설정기준에 따라 조금씩 보조를 맞추어 가고 있다.

교수자들, 교사 양성자들, 교수교재 제작자들, 그리고 시험의 출제자나 언어계획의 수립자들 우리 모두는, 바로 이와 같이 활용할 수 있는 이 참조기준 때문에, 미래를 향하여 낙관하며 나아갈 수 있을 것이고, 다언어 사용과 다문화 사용이 유럽에 도래하는데 크게 기여할 수 있을 것이다.

참고문헌

ABDELGABER S. & MÉDIONI M.-A. (dir) (2009), "Enseigner les langues vivantes avec le Cadre Européen", *Cahiers pépagogiques*, Collection des *horssérie numériques*, n° 18.

ABRY D. & FIEVET M. (dir.) (2005), *L'enseignement/apprentissage du français langue étrangère en milieu homoglotte: spécificités et exigences*, Grenoble, PUG.

ALEXAKIS V. (2002), *Les mots étrangers*, Paris, Stock.

ASHOURNE F. (2004), "La dimension personelle d'une propédeutique linguistque d'accueil en FLE d'étudiants étrangers en demande d'accès à une université francophone", dans ADCUEFE, *Évolution ou révolution dans l'accueil des étudiants étrangers*, Grenoble, PUG.

AUGER N. (2000), *Construction des identités dans le discours de manuels de français langue étrangère en usage dans l'union européenne,* Thèse de Doctorat en Sciences du Langage, Université Montpellier III.

BANON-SCHIRMAN P. & MAKARDIDJIAN C. (2006), "Quelle palce pour le Portfolio européen des langues ?", *Le français dans le monde*, n° 344, p. 32-34.

BEACCO J.-C. (2007), *L'approche par compétences dans l'enseignement des langues*, Paris, Didier.

BEACCO J.-C., BOUQUET S. & PORQUIER R. (dir.) (2004), *Un référentiel pour le français. Le niveau B2*, Paris, Didier.

BEACCO J.-C. & BYRAM M. (2003), *Guide pour l'élaboration des politiques linguistiques éducatives en Europe. De la diversité linguistique à l'éducation plurilingue*, Strasbourg, Conseil de l'Europe.

BÉRARD É. (1991), *L'approche communicative*, Paris, CLE International.

BÉRARD É. (2009), "La tâche dans l'enseignement du FLE : rapport à la réalité et dimension didactique", dans ROSEN É. (dir.), p. 36-44.

BETHOUX C. (2006), "Construction de compétences lexicales en e-tandem : une étude pour l'apprentissage de l'allemand", *Les Cahiers de l'ACEDLE*, n° 2.

BLANCHET P., MOORE D. & ASSELAH-RAHAL S. (dir.) (2009), *Perspectives pour une didactique des langues contextualisée*, Paris, Éditions des archives contemporaines.

BORDALLO I. & GINESTET J.-P. (1993), *Pour une pédagogie du projet*, Paris, Hachette.

BORG S. (2005), "Être et avoir : ou les deux privilèges d'apprendre le français langue étrangère en milieu homoglotte", dans ABRY D. & FIEVET M. (dir.), p. 47-53.

CASTELLOTTI V. & MOORE D. (2009), "Contextualisation et universalisme. Quelle didactique des langues pour le XXIe siècle ?", dans BLANCHET P., MOORE D & ASSELAH-RAHAL S. (dir), p. 197-218

CICUREL F. (2005), "Fiction, interaction, action : quelques jalons pour l'analyse des discours de la classe", dans MOCHET M.-A. *et al.* (dir.), p. 15-26.

COLLÈS L. (2009), "Les implications du *Cadre*", *Cahiers pédagogiques*, n° 18, p. 7-14

CONSEIL DE L'EUROPE (1998), "Apprentissage et usage des langues dans le cadre européen", *Le français dans le monde Recherches et applications*, juillet 1998.

CONSEIL DE L'EUROPE (2001 a), *Cadre européen commun de référence pour les langues, Apprendre, enseigner, évaluer*, Paris, Didier.

CONSEIL DE L'EUROPE (2001 b), *Portfolio européen des langues pour jeunes et adultes*, Paris, Didier.

CONSEIL DE L'EUROPE (2001 c), *Mon premier portfolio*, Paris, Didier.

CONSEIL DE L'EUROPE (2002), *Cadre européen commun de référence pour les langues, Apprendre, enseigner, évaluer. Guide pour les utilisateurs, Strasbourg,* Division des politiques linguistiques.

CONSEIL DE L'EUROPE (2003), *Relier les examens de langues au Cadre européen commun de référence pour les langues : Apprendre, enseigner, évaluer.*

CONSEIL DE L'EUROPE (2004), *Portfolio européen des langues collège,* Paris, Didier.

COSTE D. (2002), "Compétence à communiquer et compétence plurilingue", dans *Notions en Questions*, n° 6, p. 115-123.

COSTE D. (2007a), "Le Cadre européen commun de référence pour les langues. Contextualisation et/ou standardisation ?", Communication au colloque international de la FIPF : "Le cadre européen, une référence mondiale ?", Sèvres, juin 2007, http://francparler.org/dossiers/cecre_perspectives.htm#cecre_reference

COSTE D. (2007b), "Contextualiser les utilisations du Cadre européen commun de référence pour les langues", Forum intergouvernemental sur les politiques linguistiques (6-8 février 2007), www.coe.int/t/dg4/linguistic/SourceForum07/North-Forum

COSTE D. (2009), "Tâche, progression. curriculum", dans ROSEN É. (dir.), p. 15-24.

COSTE D. (à paraitre) "Le Cadre européen commun de référence pour les langues. Contextualisation et/ou standardisation", *Dialogues et Cultures*, n° 54.

COSTE D., COURTILLON J., FERENCZI V., MARTINS-BALTAR M., PAPO É. & ROULETE E. (1976), *Un nivezu seuil*, Paris, Hatier.

COSTE D., MOORE D. & ZARATE G. (1998), "Compétence plurilingue et pluriculturelle", *Le français dans le monde Recherches et applications*, p. 8-69.

CUQ J.-P. (dir.) (2003), *Dictionnaire de didactique du français langue étrangère et seconde*, Paris, CLE International.

CUQ J.-P. & GRUCA I. (2003), *Cours de didactique du français langue étrangère et seconde*, Grenoble, Presses universitaires de Grenoble.

CYR P. (1998), *Les stratégies d'apprentissage*, Paris, CLE International.

DABENE L. (1994) *Repères sociolinguistiques pour l'enseignement des langues*, Paris, Hachette.

DENYER M. (2009), "La perspective actionnelle définie par le CECR et ses répercussions dans l'enseignement des langues", dans LIONS-OLIVIERI M.-L. & LIRIA P. (dir.), p. 141-156.

EISENBEIS M. & MARTIN. (2005), "Créer un site pour mieux apprendre ? Bilan d'expérience", *Apprentissage des langues et systèmes d'information et de communication (ALSIC)*, vol. 8, n° 1, p. 167-184 http://alsic.u-strabg.fr/v08/eisenbeis/alsic_v08_17-pra1.htm, mis en ligne le 15/11/2005.

EK J.A. van (1997), *The Threshold Level for modern language learning in schools*, London, Longman.

EK J.A. van & TRIM J.L.M. (1991), *Threshold Level 1990*, Cambridge, Cambridge University Press.

EK J.A. van & TRIM J.L.M. (1991), *Waystage 1990*, Cambridge, Cambridge University Press.

EK J.A. van & TRIM J.L.M. (2000), *Vantage Level 1990*, Cambridge, Cambridge University Press.

ELLIS R. (2003), *Task-based Language Learning and Teaching*, Oxford, Oxford University Press.

FRATH P. (dir.) (2008), "Le Cadre européen : où en sommes-nous ?", Les Langues Modernes, n° 2/2008.

GAJO L. (2006), "Un nouvel enseignant", *Le français dans le monde*, n° 347, p. 24-25.

GALISSON R. & COSTE D. (1976), *Dictionnaire de didactique des langues*, Paris, Hachette.

GLABONIAT M. *et al.* (2002), *Profile Deutsch*, Berlin. Langenscheidt (mis à jour en 2004).

GOULLIER F. (2005), *Les outils du Conseil de l'Europe en classe de langue. Cadre européen commun et Portfolios*, Paris, Didier.

HOPKINS A. (2002), "Guide à l'usage des auteurs de matériel pédagogique et de manuels (chapitre 8)", dans CONSEIL DE L'EUROPE, *Guide pour les utilisateurs*, Strasbourg, Division des politiques linguistiques, p. 233-271.

ISHIKAWA F. (à paraitre), "Impact de la motivation sur l'acquisition d'une compétence langagière en interaction didactique : représentations et référence à soi en français

L2", LIDIL, n° 40.

LIONS-OLIVIERI M.-L. & LIRIA P. (dir.) (2009), *L'approche actionnelle dans l'enseignement des langues*, Barcelone, difusion FLE.

LITTLE D. (2003), "Le plurilinguisme dans le Portefeuille des langues européennes", *Le français dans le monde Recherches et applications*, p. 107-117.

LOUIS V. & DUMORTIER J.-L. (dir.) (2006), "Les tâches-problèmes en didactique des langues", Le langage et l'homme, n° XXXXI.

MANGENOT F. (2008), "L'apport des échanges par Internet à une approche communicative de l'apprentissage des langues-cultures", dans R.Bizarro (dir.), *Ensinar e Aprender Linguas e Culturas Estrangeiras hoje : Que Perspectivas ?*, Porto, AREAL Editores, p. 53-67.

MARQUILLO LARRUY M. (2003), *L'interprétation de l'erreur*, Paris CLE International.

MIQUEL C. (2009), *Vite et bien 1* (A1, A2), Paris, CLE International.

MOCHET M.-A. *et al.* (dir.) (2005), *Plurilinguisme et apprentissage. Mélanges Daniel Coste*, Lyon, École normale supérieure Lettres et sciences humaines.

MORROW K. (dir) (2004), *Insights from the Common European Framework*, Oxford, Oxford University Press.

MORROW K. (2004), "Background to the CEF", dans MORROW K., *Insights from the Common European Framework*, Oxford, Oxford University Press, p. 3-11.

MURPHY-LEJEUNE E. (2003), *L'étudiant européen voyageur, un nouvel étranger*, Paris, Didier.

MURPHY-LEJEUNE E. & ZARATE G. (2003), "L'acteur social pluriculturel : évolution politique, positions didactiques", *Le frasnçais dans le monde Recherches et applications*, p. 32-46.

NOËL-JOTHY F. & SAMPSONIS B. (2006), *Certifications et outils d'évaluation en FLE*, Paris, Hachette.

NORTH B. (2002), "Enseignement des langues : quels objectifs ?", *Les cahiers du CIEP*, p. 25-32.

NUNAN D. (2004), *Task-Based Language Teaching*, Cambridge, Cambridge University Press.

OLLIVIER C. (2009), "Mettre en œuvre une approche interactonnelle sur le Web 2.0.", dans LIONS-OLIVIERI M.-L. & LIRIA P. (dir.), p. 263-285.

PANTHIER J. (2002), "Le point de vue des instances européennes-quelle politique linguistique pour l'Europe ?", *Les cahiers du CIEP*, p. 10-14.

PARPETTE C. (2005), "Influence d'un environnement homoglotte sur l'enseignement du FLE : d'une réalité diffuse à une méthodologie constituée", dans ABRY D. & FLEVET M. (dir.), p. 21-33.

PORCHER L. (1995), *Le français langue étrangère*, Paris, Hachette.

PORCHER L. (2004), *L'enseignement des langues étrangères*, Paris, Hachette.

PORQUIER R. (1994), "Communication exolingue et contextes d'appropriation : Le continuum acquisition/apprentissage", *Bulletin suisse de linguistique appliquée*, n° 59, p. 159-169.

PORQUIER R. (1995), "Trajectoires d'apprentissage(s) des langues : diversité et multiplicité des parcours", ÉLA, n° 98, p. 92-102.

PORQUIER R. (1998), "Quand les langues se jouxtent. Les textes dialingues", dans BILLIEZ J. (dir.), *De la didactique des langues à la didactique du plurilinguisme. Hommage à Louise Dabène*, Grenoble, Lidilem, p. 154-162.

PORQUIER R. & PY B. (2004), *Apprentissage d'une langue étrangère : contextes et discours*, Paris, Didier.

PORQUIER R. & ROSEN É. (dir.) (2003), "L'actualité des notions d'interlangue et d'interaction exolingue", LINX, n° 49.

PUREN C. (2002), "Perspectives actionnelles et perspectives culturelles en didactique des langues-cultures : vers une perspective co-actionnelle, co-culturelle", *Les langues modernes*, n° 3/2002, p. 55-71.

PUREN C. (2006a), "De l'approche communicative à la perspective actionnelle", *Le français dans le monde*, n° 347, p. 37-40.

PUREN C. (2006b), "Les tâches dans la logique actionnelle", *Le français dans le monde*, n° 347, p. 80-81.

PUREN C. (2006c), *Comment harmoniser le système d'évaluation français avec le Cadre européen commun de référence ?*,
www.aplvlanguesmodernes.org/

PUREN C. (2006d), "*Le Cadre européen commun de référence* et la réflexion méthodologique en didactique des langues-cultures : un chantier à reprendre", www.aplvlanguesmodernes.org/

PUREN C. (2007), "Le Cadre européen commun de référence et la réflexion méthodologique : un didactique des langues-cultures : un chantier à reprendre", APLV-Les Langues Modernes, www.aplvlanguesmodernes.org/

PUREN C. (2009a), "Conclusion-synthèse : variations sur la perspective de l'agir social en didactique des langues-cultures étrangères", dans ROSEN É. (dir.), p. 154-168 ; une version longue de cet article peut être consultée à l'adresse suivante : www.aplvlanguesmodernes.org/

PUREN C. (2009b), "La nouvelle perspective actionnelle et ses implications sur la conception des manuels de langue", dans LIONS-OLIVIERI M. -L. & LIRIA P. (dir.), p. 119-140.

PUREN C. (2009c), "Les implications de la perspective de l'agir social sur la gestion des connaissances en classe de langue-culture : de la compétence communicative à la compétnece informationnelle", www.aplvlanguesmodernes.org/

REINHARDT C. (2000), *Der Einfluss der Gruppengröße auf die Lernprozess in der Gruppe unter besonderer Berücksichtigung der heterogenen Alterstruktur*, Zweite Staatsprüfung für die Laufbahn des höheren Schuldienstes an Beruflichen Schulen, Staatliches Seminar für Schulpädagogik, Karlsruhe.

REINHARDT C. (2009), "Pour une application pratique des trois compétences du CECR en classe", dans ROWEN É. (dir.), p. 45-53.

RIBA P. (2006), "Le portrait robot de Monsieur C2", *Le frasnçais dans le monde,* n° 344, p. 28-29.

RICHER J.-J. (2008), "Le Cadre européen, ou l'émergence d'un nouveau paradigme didactique", *Le frasnçais dans le monde,* n° 359, p. 36-38.

RICHER J.-J. (2009), "Lectures du Cadre : continuité ou rupture ?", dans LIONS-OLIVIERI M. -L. & LIRIA P. (dir.), p. 13-48.

ROBERT J.-P. & ROSEN É. (2010), *Dictionnaire pratique du CECR*, Paris, Ophrys.

ROSEN É. (2003), "Simuler ou ne pas simuler, telle est la question : à propos d'un continuum didactique en matière d'oral entre FLE et FLM", dans MAURER B. (dir.), *Didactiques de l'oral*, Caen, CRDP de Basse-Normandie.

ROSEN É. (2004a), "De la théorie aux pratiques : le *Cadre européen commun de réfèfence pour les langues* dans le quotidien d'un Centre universitaire de Français Langue Étrangère", *Le français dans le monde*, n° 336, p. 35-37.

ROSEN É. (2004b), "Étude de synthèse relative à la répartition des compétences et des exposants linguistiques", dans BEACCO J.-C., BOUQUET S. & PORQUIER R., *Niveau B2 pour le français-textes et références*, Paris, Didier, p. 17-119.

ROSEN É. (2005a), "La mort annoncée des 'quatre compétences' - pour une prise en compte du répertoire communicatif des apprenants en classe de FLE", *Glottopol*, n° 6, http://www.univ-rouen.fr/dyalang/glottopol, p. 120-133.

ROSEN É. (2005b), *Apprendre une langue en communiquant... Interlangue et communication exolingue/endolingue en contexte*, Lille, Atelier National de Reproduction des thèses.

ROSEN É. (2006), "À propos d'une tâche-problème conçue pour un enseignement/apprentissage de la méthodologie du travail universitaire au niveau C1 du Cadre européen commun de référence pour les langues", Le Langage et l'Homme, vol. XXXXI, n° 1, p. 69-80.

ROSEN É. (2007), "La formation initiale des enseignants de FLE à l'heure européenne : impacts croisés du système LMD et du *Cadre européen commun de référence pour les langues", Le français dans le monde Recherches et applications*, p. 25-35.

ROSEN É. (2009), "La perspective actionnelle et l'approche par les tâche", dans ROSEN É.(dir.), p. 6-14.

ROSEN É. (dir.) (2009),"La perspective actionnelle et l'approche par les tâches en classe de langue", *Le Français dans le monde Recherches et applications*, n° 45, Paris, CLE International.

ROSEN É. & SCHALLER P. (2009), "Pour une nécessaire contextualisation du CECR en milieu homoglotte", dans BLANCHET P., MOORE D. & ASSELAH-RAHAL S. (dir.), p. 167-180.

ROULET (2005), "Un tournant actionnel en analyse et en didactique des discours", dans MOCHET M.-A. *et al.* (dir.), p. 27-38.

SCHNEIDER G. & NORTH B. (2000), *Fremdsprachen können-was heisst das? Skalen zur Beschreibung, Beurteilung und Selbsteinschätzung der fremdsprachlichen Kommunikationsfähigkeit*, Zürich, Verlag Rüegger.

SPRINGER C. (2002), "Recherches sur l'évaluation en L2 : quelques avatars de la notion de compétence", *Notions en Questions*, n° 6, p. 61-74

SPRINGER C. (2009), "La dimension sociale dans le CECR : pistes pour scénariser, évaluer et valoriser l'apprentissage collaboratif", dans ROSEN É. (dir.), P. 25-35.

STOKS. G. (2002), "Conception et révision de programmes scolaires", dans CONSEIL DE L'EUROPE, Guide pour les utilisateurs, Strasbourg, Division des politiques linguistiques, p. 179-194.

TAGLAINTE C. (1991), *L'évaluation*, Paris, CLE International.

TAGLAINTE C. (2005), *L'évaluation et le Cadre européen*, Paris, CLE International.

TAGLAINTE C. (2006), "L'évaluation et le Cadre européen commun de référence", *Le français dans le monde*, n° 344, p. 25-27.

TRIM J.L.M, RICHTERICH R, EK J.A. van & WILKINS D.A. (1980), *Systems development in adult language learning*, Oxford, Pergamon.

TRIM J.L.M. (2002), "Guide pour tous les utilisateurs", dans CONSEIL DE L'EUROPE, *Guide pour les utilisateurs*, Strasbourg, Division des politiques linguistiques, p. 3-52.

TRIM J.L.M. (dir.) (2002), *Guide pour les utilisateurs*, Strasbourg, Division des politiques linguistiques.

VELTCHEFF C. & HITON S. (2003), *L'évaluation en FLE*, Paris, Hachette.

VELTCHEFF C. (2009), "Évaluer par les tâches : une évaluation fomative accessible aux enseignants et aux apprenants", dans ROSEN É. (dir.), p. 133-143.

WALL P. (2004), "Using the CEF to develop English courses for adults at the University of Gloucestershire", dans MORROW K. (dir.), *Insights from the Common European Framework*, Oxford, Oxford University Press, p. 121-143.

WILLIS J. (2005), *A Framework for task-Based Learning*, Harlow, Lonman (9e édition).

「공통기준」에 사용된 전문어휘에 대한 우리말 번역

– A –

acte : 행위
acteur : 행위자, 담당자
acteur social : 사회적인 행위자
action : 행동, 활동
activité : 활동
activité de communication langagière : 언어 의사소통 활동
activité d'interaction : 상호작용 활동
activité de médiation : 중개활동
activité de médiation écrite : 문어중개 활동
activité de médiation orale : 구어중개 활동
activité de production écrite : 문어표현 활동
activité de production orale : 구어표현 활동
activité de réception audiovisuelle : 시청각 수신활동
activité de réception orale : 구어수신 활동
activité de réception visuelle : 시각적인 수신활동
apprenant : 학습자
 super apprenant : 최고 능력의 학습자
apprenant/utilisateur novice : 초보의 사용자로서 학습자
apprenant/utilisateur indépendant : 자립적인 사용사로서 학습자
apprenant/utilisateur expérimenté : 숙련된 사용자로서 학습자
apprendre : 학습하기
apprendre à apprendre : 스스로 배우기
apprentissage : 학습
approche actionnelle : 행동 접근방법
approche arborescente : 가지치기 접근방법
approche centrée sur la tâche : 과제중심 접근방법
approche par compétence : 능력별 접근방법

approche par tâche(les tâches) : 과제식 접근방법
approche pluriculturelle : 다문화 접근방법
aptitude(s) : 기능(技能), 능력
arborescence : 가지치기
authentique : 실재의
auto-apprentissage : 자기주도 학습
auto-correction : 자기 교정
auto-dirigé : 자기주도의
auto-évaluation : 자기평가
autonome : 자율적인

- B -

besoin : 요구 (필요)
biographie langagière (du portfolio) : (포트폴리오의) 언어 개인기록
but : 목적

- C-

Cadre européen commun de référence pour les langues : Apprendre, Enseigner, Evaluer : 「유럽의 언어공통참조기준 : 학습, 교수, 평가」, 줄임말 : 「공통기준」
centre de langue : 외국어 교육원
certification : 인증
citoyenneté : 시민권, 국민
cohérence : 통일성
communication : 의사소통
communication non verbale : 비언어 의사소통
classe : 교실, 수업
compensation : 보상 (보완)
compétence : (언어)능력
compétence de communiquer langagièrement : 언어 의사소통 능력
compétences communicatives langagières : 언어 의사소통능력
compétence de conception schématique : 도식적인 개념화 능력
compétence discursive : 논증 능력
compétence fonctionnelle : 기능 능력

compétences générales individuelles : 개인의 일반능력
compétence grammaticale : 문법 능력
compétence lexicale : 어휘 능력
compétence langagière : 언어생활 능력
compétence(s) linguisitique(s) : 언어 능력
compétence sociolinguistique : 사회언어 능력
compétence orthoépique : 정음법 능력
compétence orthographique : 정서법 능력
compétence partielle : 부분 능력
compétence phonologique : 음운 능력
compétence plurilingue et pluriculturelle : 다언어와 다문화 능력
compétence pragmatique : 화용 능력
compétence sémantique : 의미 능력
compétence socioculturelle : 사회문화 능력
compétence sociolinguistique : 사회언어 능력
compétence de communication : 의사소통 능력
composante : 구성능력
composante linguistique : 언어 구성능력
composante pragmatique : 화용 구성능력
composante socioculturelle : 사회문화 구성능력
compréhension sociolinguistique : 사화언어 이해
connaissance : 지식
connaissance déclarative : 선언 지식
connaissances partielles : 부분 지식
connaissance procédurale : 절차 지식
Conseil de l'Europe : 유럽 평의회
Conseil de l'Union européenne : 유럽연합 이사회
contexte : 상황, 맥락
contexte endolingue : 공통언어 상황
contexte exolingue : 비공통언어 상황
contexte mental : 정신 상태
contexte situationnel : 상황적인 맥락
contextualiser(contextualisation) : 상황에 따라 적용(맥락화) 하다
contrainte : 제약

contrôle : 점검
Convention culturelle européenne : 유럽의 문화협약
correction : 교정 정확성
croyances : 신뢰
curriculum guideline : 커리큘럼, 교육과정
curriculum scolaire : 학교 교육과정
curriculum éducationnel : 평생 교육과정
curriculum existentiel : 교외 교육과정
curriculum multidimentionnel : 다차원 교육과정

\- D -
débutant : 초보자
descripteur : 설정기준
dispositif scolaire : 학교 제도
décodage : 해독
démonstration : 표시
Division des Politiques linguistiques : 언어정책국
dogme : 독단적인 원리
dogmatique : 독단적인
domaine : 분야
dossier (du portfolio) : (포트폴리오의) 자료

\- E -
échelle : 척도
échelle analytique : 분석적인 척도
échelle centrée sur le concepteur : 기준 설정자 중심의 척도
échelle centrée sur l'examinateur : 평가자 중심의 척도
échelle centrée sur l'utilisateur : 사용자 중심의 척도
échelle globale : 총체적인 척도
élémentaire : 초보(자)
emploi : 사용
encodage : 조립
enseignant : 교수자

enseignement : 교수
enseignement /apprentissage : 교수·학습
enseigner : 교수하다, 가르치다 (교육하기)
erreur : 오류
évaluateur : 평가자
évaluation : 평가
évaluer : 평가하다
exécution : 실행, 수행
expérimenté : 숙련된
expert : 숙달(자)
expression : 표현

– F –

faute : 잘못
faux débutant : 준초보자
FLE(français langue étrangère) : 외국어로서 프랑스어

– G –

genres et types de textes : 텍스트의 장르와 유형
grammaire (grammatical) : 문법(문법의)
grille analytique : 분석일람표
grille d'auto-évaluation : 자기평가 일람표

– H –

habileté : 기능

– I –

indicateur européen des compétences linguistiques : 유럽의 언어능력 지침
interactif : 상호작용의
interaction : 상호작용
interaction communicative : 의사소통 상호작용
interaction coopérative : 협동 상호작용
interaction écrite : 문어 상호작용

interaction électronique : 전자매체를 이용한 상호작용
interaction en face en face : 대면한 상호작용
interaction orale : 구어 상호작용
interculturel : 문화상호적인

- L -

langue cible : 목표 언어
langue étrangère : 외국어
langue maternelle : 모국어
langue source : 기점 언어

- M -

maîtrise(r) : 숙달(하다)
médiateur : 중개자
médiation : 중개
milieu héteroglotte : 이질언어 환경
milieu homoglotte : 동질언어 환경
militant : 진취적인
multiculturel (profil) : 다문화 프로필
multilingue (profil) : 다언어 프로필
mulitilinguisme : (사회의) 다언어 사용

- N -

natif : 원어민(의)
niveau : 측면, 수준, 등급
niveaux communs de référence : 공통 참조 수준
niveau A utlisateur élémentaire : 기초 사용자의 수준 A
niveau A1 introductif ou découverte : 시작 또는 파악 단계의 수준 A1
niveau A2 intermédiaire ou de survie : 중간 단계 또는 생활적응 단계의 수준 A2
niveau B utilisateur indépendant : 자립적인 사용자의 수준 B
niveau B1 niveau seuil : 분기점의 수준 B1
niveau B2 avancé ou indépendant : 고급 또는 자립적인 사용자의 수준 B2
niveau C utilisateur expérimenté : 숙련된 사용자의 수준 C

niveau C1 autonome (ou de compétence opérationnelle effective) : 자율적인 (또는 효율적인 활동을 할 수 있는 학습자) 수준
niveau C2 maîtrise : 숙달된 학습자의 수준 C2
niveau critérié : 준거 수준
niveau général : 일반 수준
niveau seuil : 입문 수준
normatif : 규범의

- O -

opération cognitive : 인지 정신활동
opération de communication langagière : 언어 의사소통의 작업
orthoépie : 정음학

- P -

Parlement européen : 유럽의회
passeport européen des langues : 유럽의 언어여권
pédagogie de projet : 프로젝트 교육학
perspective : 관점
perspective actionnelle : 행동 관점
planification : 계획
pluriculturalisme : 다문화주의
pluriculturel : 다문화적인
plurilingue : 다언어의
plurilinguisme: (개인의) 다언어사용
politique linguistique : 언어정책
portfolio : 포트폴리오
portofolio européen des langues : 유럽의 외국어 포트폴리오
pré-planification : 예비 계획
précédure : 방법
processus : 과정
production : 산출, 표현
production écrite : 문어 표현
production orale : 구어 표현
profil de l'apprenant : 학습자 프로필

programme d'apprentissage des langues : 외국어 학습계획
professionnel des langues : 외국어 교육 담당자

- R -

réception : 수신
réception audio-visuelle : 시청각적인 수신
réception écrite : 문어 수신
réception orale : 구어 수신
réception visuelle : 시각적인 수신
référence : 참조, 준거 기준
Référentiel(=curriculum guideline) : 교육과정 안내지침
remédiation : 수정

- S -

savoir(s) : 지식
savoir-apprendre : 학습 능력
savoir-déclaratif : 선언 지식
savoir-être : 적응 능력
savoir-faire : 사용 능력
savoir procédural : 절차 지식
savoir socioculturel : 사회문화 지식
savoirs académiques : 학구적 지식
savoirs empiriques : 경험 지식
scénario : 시나리오
scénarios curriculaires différenciés : 차별화된 교육과정 시나리오
schémas interactionnels et transactionnels : 상호작용적이며 상호교환적인 스키마
socioculturel : 사회문화적인
sous-échelle : 하부 척도
stratégie : 전략
stratégies cognitives/de discours : 담화 • 인지전략
stratégies d'apprentissage : 학습전략
stratégies de collaboration/de copération: 협력 • 협동전략
stratégies de communication : 의사소통 전략
stratégies de compensation : 대안 전략

stratégies d'enseignement : 교수 전략
stratégies d'évitement : 회피 전략
stratégies d'interaction : 상호작용 전략
stratégies de médiation : 중개 전략
stratégies de production : 표현전략
stratégies de réception : 수신 전략
stratégies de substitution : 치환 전략
stratégies métalinguistique : 메타언어 전략

– T –

tâche : 과제
tâche authentique : 실재 과제
tâche communicative : 의사소통 과제
tâche langagière : 언어 과제
tâche pédagogique : 교육적인 과제
texte : 텍스트
thème : 주제
thème de communication : 의사소통의 주제
travail : 작업, 공부

– U –

Union européenne : 유럽 연합
usager : 사용자
usage : 어법
utilisation : 사용
utilisateur : 사용자
utilisateur indépendant : 자립적인 사용자
utilisateur expérimenté : 숙련된 사용자
utilisateur novice : 초보 사용자
utilisateur/apprenant : 사용자로서 학습자

– V –

valider(validation) : 효율화하다(효율성)

한상헌
서울대학교 사범대학 불어교육과
고려대학교 대학원 불어불문학과 석사과정
고려대학교 대학원 불어불문학과 박사과정
전 목원대학교 불어불문학과 교수
전 한국교원대학교 제2대학 불어교육과 교수
전 한국프랑어문교육학회 회장
프랑스어교육공동연구소 소장
교과부 6차 7차 프랑스어 교육과정 편찬
주요 저서 : 『프랑스어 학습문법』, 도서출판 만남
주요 역서 : 『일반외국어교육학』, 도서출판 만남

윤미경
서울대학교 사범대학 불어교육과
한국교원대학교 교육대학원 불어교육학과 석사과정
한국교원대학교 대학원 불어교육학과 박사과정
현 서울대학교 사범대학교 부설고등학교 교사
주요 역서 : 『외국어 학습전략』, 도서출판 만남

유럽의
언어공통참조기준이란 무엇인가

지은이 / 에블린 로젠 · 클라우스 라인하르트
옮김이 / 한상헌 · 윤미경
발행인 / 차 상 면
초판1쇄인쇄 / 2018. 3. 12
초판1쇄발행 / 2018. 3. 20
등록번호 / 제2017-000020호
등록된 곳 / 서울시 광진구 아차산로 46길 16 301호
발행처 / 도서출판 만 남
전 화 (02) 3436-0746
FAX (02) 3436-0747

값 12.000
ISBN 978-89-5920-150-1
홈페이지 : www.mannam21.co.kr
E-mail : mannampub@hanmail.net